社会工作研究方法指导丛书

丛书主编 曾守锤
丛书副主编 安秋玲

干预研究：
如何开发社会项目

Intervention Research: Developing Social Programs

马克·W. 弗雷泽
杰克·M. 里奇曼
梅达·J. 加林斯基
史蒂文·H. 戴
◎著

安秋玲
◎译

上海教育出版社
SHANGHAI EDUCATIONAL PUBLISHING HOUSE

丛书总序

社会工作是一门强调实务(practice)或做(do)的学科。它主要关注的是,如何帮助有需要的个体、家庭、组织和社区,如何促进社会的公平和正义。

或许是我们对实务倾注了大量的心血而无暇关注研究的问题。比如,我们非常强调对学生实务能力的培养,也注重专业教师要扎根于实务领域,但我们对研究的关注似乎不够。由此导致的后果之一就是,社会工作领域的研究水平不高,[1]学生的科学研究训练不足。[2]

以上这一解释颇具迷惑性,但更大的可能性或许在于我们的想法或认知:社会工作领域内的许多人都认为,社会工作主要不是一个理论或研究的问题,而是一个实务层面上的操作问题。[3] 在这里,笔者尝试通过论证"好的实务需要研究"来破解这一迷思。

---

[1] 沈黎,蔡维维. 社会工作研究的理念类型分析——基于《社会工作》下半月(学术)的文献研究[J]. 社会工作下半月(理论),2009(2):4-9.

[2] 笔者长期以来一直担任社会工作研究方法课程的教学工作,对此有一些切身的体会。

[3] 文军,刘昕. 近八年以来中国社会工作研究的回顾与反思[J]. 华东理工大学学报(社会科学版),2015,30(6):1-12+39.

我们通常将实务描述为"需求评估、计划制订和实施、效果评估和反思"等阶段。试问：哪一个阶段不需要研究呢？

首先，需求评估在很大程度上就是一个调研的过程。当你进入灾后重建社区时，你怎么知道哪些人需要帮助？这些人需要什么样的帮助？什么样的帮助方式是他/她们能接受的和更方便的？因为虽然你手握资源，但你的资源毕竟有限。根据社会工作的价值追求，你希望找到那些"最"需要帮助的人，并解决他/她们"最"紧迫的需要。这是不是一个研究的问题？！同样，当你面对一个长期遭受丈夫虐待的女人时，你如何评估她的需求？这是不是需要研究？！笔者相信，我们可以列举出无数实务领域的例子来说明研究在需求评估阶段的重要性。但有人可能会说：这不就是实务的过程或阶段之一吗？这与研究有何相干？笔者相信，当我们对研究有所领悟之后，我们或许可以这样来回应这个问题：研究让实务工作者可以系统地收集资料，从而减少信息的偏差。所以，基于研究的需求评估，为实务提供了重要的基础和出发点。

其次，计划制订和实施阶段也需要研究。在评估完案主系统的需求之后，在尝试与案主系统一起制订服务的方案或计划时，我们并不是"想当然"地很轻易就可以做好这件事——我们需要了解，案主系统当前面临的问题或困境，是否已经有了被证明有效的干预模式或方法。这是一个文献检索并评估研究质量的过程。它需要研究！很显然，这些被证明是成功的干预模式或方法虽不能说给我们提供了现成的答案，但至少给当前的干预提供了指引的方向。在实施干预计划时,我们可能要收集量化数据或质性资料,从而为后期的效果评估做好准备。当然,我们可能还需要收集数据或资料,对干预的过程进行评估(开展过程评估)。这就涉及测量的知识或资料的收集工作——这需要研究,或者说需要掌握研究的方法。多说一句,在受过社会工作的专业训练后,实务工作者的头脑中可能装备了大量的实务干预的模式、方法和具体的技巧,但这些模式、方法和技巧绝大部分也是通过研究提炼出来的。从这个意义上来说,掌握研究方法,熟悉研究程序也许有助于我们理解这些模式、方法和技巧,从而不至于将这些模式、方法和技巧神圣化并奉为圭臬,不至于使我们缺少批判的精神和挑战的勇气。

最后,效果评估和反思阶段同样需要研究。在实务的这个阶段,我们需要收集数据或资料来评估干预的效果。至于思考应采用怎样的研究设计来开展服务效果或效益的评估,其实早在干预开始之前就已经谋划好了:是采用单组前测—后测设计、静态的组间比较设计、时间序列设计、单后测设计,还是随机控制实验设计?所有这些知识都可以通过对研究方法的研习获得。当前,我国社会工作领域的干预研究中普遍存在一种不良倾向,那就是对干预或服务效果的评估采用主观的方法:如果实务工作者自己"认定"服务或干预是有效的,那么该干预或服务就被假定为有效的。这种干预模式或做法显然是非实证的,西方把这种实践模式称为"权威为本的实务"(authority-based practice)。① 值得庆幸的是，学界已经认识到权威为本的实务模式或做法的不足或弊端，并逐渐在摒弃这种做法。是的，你不能以专家或专业权威自居，并"自认为"你的干预改变或帮助了案主系统，就指望别人也与你持相同的看法。这显然不符合社会工作实务/干预的规范模式。社会工作实务需要证据和研究！

综上所述，笔者试图表达的一个基本观点是，研究贯穿于实务的始终：②我们研究案主系统的需求，我们研究已有的干预模式或方法，我们通过研究展示干预的效果。总之，实务不仅仅是一个操作层面的问题，它需要研究！这就是我们为什么需要学习研究方法的原因之一！

行文至此，我们可以得出这样一个结论：哪怕将社会工作的学科性质定位为百分百实务导向的，我们依然需要研究！没有研究，就没有好的实务。没有好的实务，不仅意味着资源的巨大浪费，而且可能会对案主造成伤害。这是任何一个有价值追求的社会工作者(以下简称"社工")不愿意看到的。

社会工作不仅需要实务，也需要研究。社会工作领域存在大量的现象或问题，需要我们去研究，要研究就要学习研究方法。比

---

① 何雪松. 社会工作理论[M]. 上海：上海人民出版社，2007.
② 必须承认，行动研究与这一实务模式背后隐含的研究思路存在相当大的差异，具体可参阅：陈向明. 质的研究方法与社会科学研究[M]. 北京：教育科学出版社，2000：447-459.

如,中国的社工应具备怎样的专业能力?[①] 为什么大量的社工会辞职或流失?[②] 为什么绝大多数社会工作专业本科毕业生不做社工?[③] 社会工作专业学生的专业认同和从业意愿水平如何,受到哪些因素的影响?[④] 学生在专业实习中的体验是什么,存在哪些问题或不足?[⑤] 如何准确、有效地评估学生的实习表现?[⑥] 在中国快速推进社会工作职业化的过程中,其专业化程度呈现出一种怎样的样貌?[⑦] 在国内开展社会工作实务,社工与案主的双重关系是可以避免的吗?[⑧] 在政府购买服务的政策背景下,当专业社工

---

① 雷杰,黄婉怡. 实用专业主义:广州市家庭综合服务中心社会工作者"专业能力"的界定及其逻辑[J]. 社会,2017,37(1):211-241.

② Wermeling, Linda. Why social workers leave the profession: Understanding the profession and workforce. *Administration in Social Work*, 2013, 37(4), 329-339.

③ Shouchui Zeng, Monit Cheung, Patrick Leung, & Xuesong He. Voices from social work graduates in China: Reasons for not choosing social work as a career. *Social Work*, 2016, 61(1), 69-78.

④ 林承彦,张兴杰,曾细花. 专业认同影响从业意愿路径的实证分析——以社会工作专业为例[J]. 高教探索, 2013(3): 133-138. Yean Wang, Yingqi Guo, & Shouchui Zeng. Geographical Variation of Social Work Students' Job Intentions in China: A Geographic Information Systems Approach. *Social Work*, 2018, 63(2), 161-169.

⑤ Barlow, C., & Hall, B. L. What about feelings? A study of emotion and tension in social work field education. *Social Work Education*, 2007, 26(4), 399-413. 徐迎春. 本土处境与现实策略——近十年来社会工作实习教育研究文献综述[J]. 社会工作, 2013(5): 120-127+155.

⑥ Bogo, M., Regehr, C., Hughes, J., Power, R., & Globerman, J. Evaluating a measure of student field performance in direct service: Testing reliability and validity of explicit criteria. *Journal of Social Work Education*, 2002, 38(3), 385-401.

⑦ 安秋玲,吴世友. 我国社会工作专业化的发展:基于就业招聘信息的分析[J]. 中国社会工作研究, 2014(2): 74-97.

⑧ 赵芳. 社会工作专业伦理中的双重关系的限制、困境及其选择——一项基于城乡社会工作者的实证研究[J]. 中国社会工作研究, 2013(1): 51-72.

机构"嵌入"到街区时,会对专业社工与街区之间的权力关系产生怎样的影响,尤其会对社工的专业权利和专业自主性产生怎样的影响?①……这些都是社会工作领域的问题。如果我们不学习研究方法,对研究的基本过程或程序不熟悉的话,我们对这些问题的回答就会是朴素的和苍白的。很显然,由于社会工作对弱势人群的关注,我们还需要对社会的弱势人群开展一些基础的调研或研究,②这里就不再一一列举了。最后,社会工作领域还有很多历史的、理论的和政策的问题有待研究。③

基于上述考虑,笔者一直在思考这样一个问题:我们可以采用怎样的方法来改变社会工作领域对研究重视不足和研究水平不高的现状。带着这一问题,上海教育出版社教育与心理出版中心的谢冬华主任、华东师范大学社会工作系的安秋玲博士和笔者走到了一起。我们决定策划一套"社会工作研究方法指导丛书",尝试为提高社会工作领域的研究水平尽绵薄之力。

本丛书所选的大部分著作来自社会工作领域。其实,在社会

---

① 朱健刚,陈安娜. 嵌入中的专业社会工作与街区权力关系——对一个政府购买服务项目的个案分析[J]. 社会学研究,2013,28(1):43-64+242.
② 顾东辉. 下岗职工的非正式社会支持与求职行为——以上海为例[J]. 中国社会工作研究,2013,第十辑:56-81. 郑广怀. 伤残农民工:无法被赋权的群体[J]. 社会学研究,2005(3):99-118+243-244.
③ 文军. 西方社会工作理论[M]. 北京:高等教育出版社,2013. 孙志丽. 民国时期专业社会工作研究[M]. 北京:人民出版社,2016. 郭伟和. 管理主义与专业主义在当代社会工作中的争论及其消解可能[J]. 中国社会工作研究,2004,第二辑:55-72. 黄晓春. 当代中国社会组织的制度环境与发展[J]. 中国社会科学,2015(9):146-164+206-207. 王思斌. 中国社会工作的嵌入性发展[J]. 社会科学战线,2011(2):206-222.

科学领域,绝大部分研究方法是通用的。拿实验法来说,社会学的研究者会使用它,心理学的研究者会使用它,教育学的研究者也会使用它……那么,这些不同学科中的实验法有什么不同吗?笔者的观点是,它们大体是相同的,但由于不同学科的价值追求或要求存在一定的差异,在应用该研究方法时会受到某些限制或改变(在社会工作中,随机分配案主到不同的干预模式中是一个特别具有伦理争议的话题),而且这些不同学科的作者在阐述该研究方法时会结合该学科的知识基础,这就使得读者更能理解该方法在该学科领域内的独特魅力或特殊限制。因此,选择社会工作专业研究方法著作的好处是,它可以帮助读者更加无缝衔接地应用某种研究方法、研究程序或研究技巧,从而减少知识迁移的难度。另外,如果读者能够充分利用这些著作中的参考文献,这对他/她们了解或熟悉社会工作领域内的期刊和论文也会非常有帮助。

社会科学领域内一些经典、优秀的研究方法类著作,对社会工作这样一门应用性非常强的学科来说,也是非常有借鉴意义的。对此,我们也一并纳入丛书。

本丛书既包含引进翻译的著作,也包括国内学者原创的著作。第一批拟推出11部著作,它们是《干预研究:如何开发社会项目》《历史研究》《扎根理论》《需求评估》《实务研究的质性方法》《质性研究的元分析》《准实验研究设计》《随机控制实验》《单一系统设计数据的统计分析》《寻找和评估证据:系统评价与循证实践》《人类服务实务研究》(书名以正式出版时为准)。丛书计划在未来几年内先出版10—12本。此后,我们将陆续增选一些引进翻译的和国内学者撰写的研究方法类著作。欢迎学界同仁赐稿,并推荐优秀的英文版研究方法类著作。

让我们一起为社会工作奉献一套优秀的研究方法类图书,为提升该学科的研究水准和实务水平而努力吧!

笔者相信,在大家的共同努力和推动下,社会工作的明天会更真、更善、更美!

丛书主编　曾守锤

华东理工大学社会工作系教授、博士生导师

2018年5月14日于上海

译者序

本书的主题是干预。无论读者是否学习过干预研究，我们在实践中总是在做着干预：力图改变问题的过程就是干预！但是本书所讲的干预又区别于我们一般实践中的干预。解决问题的方式有多种，我们选择的究竟是不是最优的解决方式呢？基于经验，更基于数据来确认最优策略，是本书阐述的理念。

干预是一种严谨的逻辑和行动，作者提出了干预研究的五步骤：明确具体问题并开发一种项目理论；创建并修订项目材料；完善并确认项目成分；在不同实践背景和环境中评估效果；传播研究结果和项目材料。这些内容貌似简单，却蕴含严密的逻辑。在界定问题时，如何透过现象找到问题？在开发项目理论时，如何基于资料形成拟定的干预路径？如何形成严谨且符合环境的逻辑模型与变化理论？干预手册的内容如何呈现？怎样保证干预手册内容是有助于改变问题的最优材料？如何协调组织、环境和人，才能保证干预手册的忠实执行？如何评估干预的有效性及影响效果？例如，对评估理论、样本局限、数据收集与类型等方面的认识等。当然也正因如此，本书才使我们难以释手，推动我们不断深思和对照当前在进行的实践，帮助我们走专业之路。另外，在严谨的五步之后,本书带给我们的思考是:干预研究是一个项目团队的集体工作和长期工作,若非务实,则难以做干预研究。

在当前中国的社会工作发展阶段,我们迫切希望通过干预研究来推动一些改变,我们需要看到变化,所以我们需要干预研究。事实上,本书契合了当前社会科学研究者最基本也是最核心的需求。它定位为研究方法,提供了高屋建瓴的框架;它源于实践并指导实践,提供了简单可借鉴的例子;它以数理统计为基础,但没有出现任何冰冷的数理符号;它紧扣读者需求,启发思考实践背后的逻辑。本书值得研读和反思,并不断进行完善。相信每读一遍就会有不一样的学习。这是本书的魔力所在!

本书的翻译工作由多位学者一起合作完成。其中第二章和第三章由刘芳(重庆师范大学历史与社会学院)、吴世友(美国亚利桑那州立大学社会工作学院)、武琪(美国亚利桑那州立大学社会工作学院)翻译;术语表由李冀兰(美国北卡罗来纳农业与技术州立大学)翻译,其余部分由安秋玲(华东师范大学社会发展学院)翻译。

改变,尤其是真实、积极、有效、持久的改变是我们努力的方向!本书作为社会工作乃至社会科学的一本研究方法类著作,为我们实现对自己、对他人、对社会的真实、积极、有效、持久的改变提供了保障!

中文版序

社会工作需要何种类型的研究？社会工作通过经济学、心理学、公共健康和社会学等多种学科来源形成研究基础。社会工作这一专业以研究为基础，它有描述性和评估性两个特点。通过描述性流行病学研究，社会工作可以了解各类社会问题和健康问题的流行度，并进一步可以了解风险因素和保护性因素，这些因素可能交互作用，从而增加了社会问题和健康问题的脆弱性。而通过评估，社会工作能了解项目和政策取得的效果。评估性研究有助于我们了解潜在的变化策略。社会工作的一个核心特征是其理解复杂人类行为的跨学科性。我们在生物学、心理学、社会学和环境影响的背景下，来理解人类、问题、项目甚至政策。

然而，这种理解仍是不够的。仅有描述还不够。作为一门专业，我们必须将知识用于行动，也就是，我们必须用知识来开发行动策略。从实践到政策，社会工作是一种使用证据来开发系统化改变策略的专业。我们的目标是提高幸福感。描述性知识是有用的，但是我们需要评估性的研究来获得有效干预的方法。

我们的研究应聚焦于改变策略。我们必须明确问题，而且知道如何去解决和改变。我们针对如何改变问题的相关信息的需要,界定了社会工作研究。我们需要这样的研究:帮助我们从所有可能性改变策略中作出选择,选出更可能成功的策略。本书是对系统化改变策略的研究。

在本书中,我们描述了一种社会工作的工程性方法。与工程师运用知识来建造更好的桥梁、建筑和火箭一样,社会工作面临的挑战是建立更好的项目和政策。单个的研究是无法完成的。即使是设计和开发的视角,也要遵循五个步骤。每一步都需要不同的研究技巧。在本书中,我们概述了这个过程。我们希望你能成为一名干预研究者!

马克·W. 弗雷泽(Mark W. Fraser)

前言

对于正在做研究设计和项目申请的研究生和研究者来说,本书一定会是经常翻阅的珍爱之物。本书研究思路和内容呈现的清晰性,让我想起了坎贝尔和斯坦利(Campbell and Stanley,1963)的经典之作。本书的优点不仅于此。事实上,本书通过五个关键步骤便足以为实践研究者——弗雷泽及其同事称其为干预研究人员,因为这些观念同样适用于服务和政策评估——提供帮助和指导。

本书四位作者从事干预研究的经历加起来超过100年。他们现在的研究更加完美,涉及如何开发和测试**干预**(intervention)包含的关键要素,而这可以提升我们干预研究服务的能力。同时,他们还举例说明了他们的研究框架,这些例子选自当下社会研究和健康研究领域,涵盖最新成果且信息量大,他们解决了读者有必要了解一二但从来没有掌握的课题。这些课题包括了解在不同地点进行方案评估所面临的挑战,(最大可能地)纠正有偏差的样本,以及修正变量。

在概要说明研究过程方面,本书远胜过其他同类书籍。作为一本社会工作干预研究的书籍,本书将从纵向研究和开发的角度,严格地将概念、设计和分析集成为一体。虽然沙迪什、库克和坎贝尔（Shadish, Cook, and Compell, 2002）、罗斯曼和托马斯（Rothman, and Thomas, 1994）都为这项工作贡献了智慧的DNA,但他们所做的仍然处于初始的起步状态。本书在以往相关图书的基础上进行了深化,明确了问题的概念化、干预手册的开发、结果与干预过程的评估以及成果和项目资源的传播之间的紧密联系。

这不是一本统计类图书——几乎不包含一个希腊字母——但是在设计实验时,你能从本书学到大量的统计学方法。本书提供了简明的信息,说明在研究结果时将有哪些统计学方面的考虑和选择可用,以帮助在研究开始时作出选择。总之,本书为这类问题提供了精炼的材料。不过,本书的最大优势在于清晰地论述了如何设计一个有前景的干预,如何完善它,直到值得对它作广泛的评估和传播。本书作者关于如何理解不良社会条件的机制以及问题理论如何创造干预开发的影响点的讨论非常具有启发性。通过阅读本书,那些一直在奋力将心理研究和发展研究融入项目申请书,以获得发展性成果的研究者,会获得很好的启发,从而消解研究的负担。

通过精心撰写的微观和宏观层面的例子——这些例子包括许多基于个人经验来实施、测试的干预——作者阐明了如何运用风险和弹性的视角来识别可改变的条件。简言之,他们描述了如何对基于实践的干预进行设计、处理和评估。

本书的结构遵循干预开发、测试和传播的五个步骤,其中包含了关于**干预手册**(intervention manual)开发的四个阶段的讨论,这些讨论交织和穿插在整个干预研究框架中。清晰的思维和流畅的文笔意味着，在任何一本坚持如此高准确标准的书中，理解这些过程及其整合都是尽可能使读者读起来毫不费力。本书作者还额外增加了这样一段讨论：将干预研究的经验教训整合到**循证实践**（evidence-based practice）的讨论中，并说明这也必须受到干预研究中需考虑因素的指导。

与我之前看过的所有研究或实践方面的教科书相比，本书提供了关于开发干预手册的更多信息。因为这些手册使得培训具有高保真度，它们的开发对于测试实践干预至关重要，因此本书在这方面具有无可比拟的价值。对于坚定地认为循证实践必将走向僵化而不能应用于现实情境的人，本书关于适应不同文化的、民族的、发展性和诊断性的群体的干预手册的讨论，会让他们松一口气（找到问题的突破口）。作者充分讨论了**改编**（adaptation）与**保真度**（fidelity）之间的平衡问题。本书有许多珍贵独特的洞见，这里无法一一列举，尤为突出的一点是关于包含序列设计的随机临床实验替代设计的讨论。

作者借助多年的实地研究和教学实践，精细构建了本书的内容框架。本书是对已有观点的完善，这些观点来自相关实践者、项目管理员、专家、方法论者以及有广泛兴趣的学生在不同时间段对这个问题的激烈讨论。我希望读者会像我一样成为这些讨论的受益者。

美国马里兰大学社会工作学院院长、教授
理查德·P. 巴思（Richard P. Barth）

致谢

感谢本领域的实践者、学生和我的同事,因为他们是我们在推进干预研究和循证实践的过程中保持不断学习的源泉。感谢斯科特·布赖尔(Scott Briar)、杰克·罗思曼(Jack Rothman)和埃德·托马斯(Ed Thomas),他们给了我们很多鼓舞和启发。黛安·怀恩特(Diane Wyant)在编辑方面给了我们特别重要的帮助,萨拉·兹洛特尼克(Sarah Zlotnik)在文献综述方面提供了有价值的帮助。此外,我们还非常感谢特拉奇·维克(Traci Wike)为我们编辑了术语表。我们作者四人还要将本书特别献给各自的亲人:马克·W.弗雷泽(Mark W. Fraser)将本书献给玛丽(Mary)、亚历克斯(Alex)和凯蒂·弗雷泽(Katy Fraser);梅达·J.加林斯基(Maeda J. Galinsky)以本书缅怀她的丈夫戴维·加林斯基(David Galinsky),并将此书献给达纳(Dana)、亚当(Adam)和迈克尔(Michael);杰克·M.里奇曼(Jack M. Richman)将本书献给卡罗尔(Carol)、爱丽丝(Alice)和埃里卡·里奇曼(Arica Richman);史蒂文·H.戴(Steven H. Day)将本书献给德博拉(Deborah)、克莱尔(Claire)、伊莱贾·戴(Elijah Day)以及他的父母玛丽(Mary)和戴维·休利特(David Hulett)。

目录

第一章　什么是干预研究？　　　　　　　　　　　1
　干预的定义　　　　　　　　　　　　　　　　　3
　　干预是有目的的改变策略　　　　　　　　　　3
　　风险过程　　　　　　　　　　　　　　　　　8
　　保护和增强　　　　　　　　　　　　　　　　9
　干预层面：个人被嵌入环境影响之中　　　　　　9
　　结构性干预和结构模型　　　　　　　　　　　10
　　干预的效果　　　　　　　　　　　　　　　　12
　保真度与改编：新干预的来源？　　　　　　　　16
　将干预研究结果转化为实践　　　　　　　　　　18
　　实践中的干预研究　　　　　　　　　　　　　19
　　"作出选择"项目　　　　　　　　　　　　　　20
　　学校成功档案　　　　　　　　　　　　　　　23
　通过研究来设计和优化干预　　　　　　　　　　25
　扩展阅读　　　　　　　　　　　　　　　　　　26

第二章　干预研究的步骤　　　　　　　　　　　　27
　在系列研究中优化干预　　　　　　　　　　　　28

历史视角：干预的设计和开发 ... 32

阶段一：问题分析和项目策划 ... 32

阶段二：信息收集和综合 ... 33

阶段三：设计 ... 33

阶段四：早期开发和试点测试 ... 34

阶段五：评估和进一步发展 ... 35

阶段六：传播 ... 36

规定性干预的出现：手册化的干预和组织化的内容 ... 37

干预研究的步骤 ... 37

干预研究的步骤一：明确具体问题并开发一种项目理论 ... 42

干预研究的步骤二：创建并修订项目材料 ... 44

干预研究的步骤三：完善并确认项目成分 ... 46

干预研究的步骤四：在不同实践背景和环境中评估效果 ... 47

干预研究的步骤五：传播研究结果和项目材料 ... 47

结论 ... 48

扩展阅读 ... 49

第三章 步骤一：明确具体问题并开发一种项目理论 ... 50

开发一种问题理论 ... 54

问题是什么？ ... 55

用问题理论来建立一项干预 ... 61

开发一种项目理论 ... 63

逻辑模型：从项目投入到远端结果 ... 64

变化理论　　68
　结论　　72
　扩展阅读　　73

第四章　步骤二：创建并修订项目材料　　74
　实践手册中的差异　　75
　干预手册的要素　　76
　手册化干预的历史　　77
　开发项目手册和材料的阶段　　81
　　第一阶段：项目手册和材料的制定　　84
　　第二阶段：通过专家评审、试点测试和有效性实验来修订手册　　91
　　第三阶段：在实践环境中的差异化　　97
　　第四阶段：转化和改编　　102
　总结　　111
　附录 4-1　什么是目标？（问题解决第三步：设定目标）　　115

第五章　步骤三和步骤四：从完善项目成分到测试效果　　119
　测试的程序　　120
　实验的逻辑　　123
　　研究设计　　124
　　干预研究中的实验设计　　125
　　干预研究中的准实验设计　　127
　案例研究：在医院重症监护病房预防感染　　129
　步骤三：完善并确认项目成分　　132

| 初步开发之后对干预进行的试点测试 | 132 |
| 有效性测试：完善并确认项目成分 | 134 |

步骤四：在不同实践背景和环境中评估效果 135

| 治疗意向分析 | 135 |
| 有效性子集分析或干预 | 136 |

在有效性实验和效果实验中测量效果 137

在有效性实验和效果实验中测量保真度 140

保真度与干预研究阶段	141
开发保真度测量	143
在实践中测量保真度：多系统疗法	146

连接有效性实验和效果实验：从研究到实践的挑战 148

| 扩展阅读 | 150 |

第六章 步骤五：传播研究结果和项目材料：循证实践的挑战 152

循证实践的挑战 152

循证实践把研究结果与临床判断整合在一起	153
循证项目实施的阶段	156
提升相关性和范围的文化改编	160
文化改编是否提升了效果？	162
其他的改编	164
影响项目实施和采纳的因素：传播的五个标准	165
在干预研究过程中实践者和研究者的角色	169
从研究到实践：弥合差距	172

总结	175
扩展阅读	178

第七章　干预研究面临的挑战　　179

干预研究中的方法论问题　　182

改编与保真度之间持续存在的张力：当干预研究重新开始	182
实践中的随机实验设计	184
设计随机分组研究面临的两个挑战	185
基于地域和类聚的随机抽样	186
小组随机抽样的准则	189
当随机抽样失败或不能使用时的选择性偏差：倾向值	192
适应性干预的动态系统建模：超越随机对照实验	196
伦理：干预研究者的独立性	202
总结	203
扩展阅读	205

术语表	206
参考文献	219
索引	233

第一章

什么是干预研究?

社会工作实践(social work practice)的核心旨趣是产生改变(make a difference)。无论是在个人、组织层面还是在国家层面上,产生改变通常都包括制定和实施某种行动策略。通常情况下,社会工作实践还涉及随时间推移而不断优化策略,也就是说,不断去改进和完善策略。

在社会工作、公共健康、心理学、护理、医药及其他行业中,我们通常都会以可掌握的最佳证据为基础来选择有效的策略。这些策略各式各样,从临床技术(如开发一种新的角色扮演方式来诠释一种新技能),到复杂的项目(通过一系列对照实验得到支持的项目),再到政策层面的倡议(可能基于大量的样本研究、专家建议或者立法改革)。诚然,在开发新的临床技术、方案或政策方面,证据通常只能起到部分的引导作用。事实上,策略往往必须去适应形势的特殊需求,包括影响问题的社会学或人口学特征。因此,现代社会工作实践的重要标志,正是这个识别、调整和运用策略的过程,而这些策略正是我们所理解的、可获得的最佳改变策略。

但是,假设你有一个想法,是关于如何开发一种新服务或修改现有的某种服务的。也就是说,通过经验和研究,你开始设计一种不同的实践策略——一个也许还没有清晰的证据基础但有可能改善目前服务的方法。当你尝试开发新的策略或改善现有的策略时,你就已经在准备进行干预研究了。

本书的目的是简要描述干预研究方法,包括设计新的服务或方案。干预研究是具有挑战性的,需要广泛的技能和知识的积累。在从事干预研究时,你不仅需要成为该问题领域的专家,而且必须了解实践的真实现状,也就是说,在不同环境中影响提供服务的环境条件(如健康中心、学校、医院、机构、团体、社区)。像一个艺术家或工程师一样,你必须规划任务并享受创建解决方案的过程。干预研究产生于想象力、独创性和科学性的汇合。

本书描述了做干预研究的过程。它的意图是服务那些对开发和测试新干预感兴趣的学生、从业者和研究者。干预研究包括设计和实施干预,这是干预研究区别于评估研究的关键。评估关注的是评估与现有的服务或项目相关的进程和成果(Rossi, Lipsey, and Freeman, 2003)。虽然干预研究包括评估方法,但它还需要对一个服务或项目提出构想和修订(Rothman and Thoms, 1994)。干预研究既包括创造性过程,也包括评估性过程,往往会衍生出两种结果:对新的项目或服务的详细描述,以及对该项目或服务的有效性评估。

干预研究是一个包括研究人员、机构和从业人员相互合作的动态过程。本书基于这样的理念：从业人员和大多数机构都没有足够的时间和资源进行干预研究。正是通过与研究者的合作，新的干预才得以设计和开发，这些研究者来自大学、研究公司和隶属于州政府的评估单位。在描述干预研究时，我们特别注意到资助对于研究活动的必要性。虽然临床技术有时在缺乏大量资金支持的情况下依然能进行开发和测试，但干预研究是非常细致、艰苦的，特别需要大量来自州、联邦或基金会的资助。因此，我们在后续章节描述的过程中，不仅指导干预研究的开发，也为开发研究提供足够的细节方面的建议。

干预的定义
干预是有目的的改变策略

作为有目的的行动，干预可能发生在个体、家庭、组织（如学校）、社区、特定地区、国家或其他层面。干预可能是由一个单一的行动或一组行动组成（Midgly，2006）。要求孩子们佩戴自行车头盔的法律条款就是一个单项的干预，用以减少与自行车事故有关的死亡和伤害。对儿童福利的保护性监管则是一组行动的干预，旨在确保脆弱孩子的安全。这两者都是有目的的改变策略的例子，但其中一种是聚焦的、精细界定的策略，而另一种则是概括的策略，包括各种动因和行为。

诚然，即使一聚焦的干预也可能需要一套复杂的子策略。例如，关于使用自行车头盔的法律可能需要一系列的子策略活动，包括教育家长、教师和儿童认识到头盔的重要性和益处;确保头盔的制造符合适当的保护性标准;确保头盔适合孩子佩戴;保障头盔的价格是所有家庭都能负担得起且容易买到。此外,从业者与社区和执法机构合作,鼓励使用自行车头盔法律的落实,也是有益的。因此,即使是聚焦某一小领域的干预在实施中也会发展为复杂的项目。

在社会工作中,干预通常旨在减少社会问题或健康问题。例如,当一名社会工作者使用动机访谈(motivational interviewing)让一个滥用药物的青少年参与到治疗之中时,这个社会工作者就是在使用一种循证临床技术,这种临床治疗是总体策略的一部分,旨在减少来访者的药物依赖(更多关于动机访谈的内容,参见Miller and Rollnick, 2002)。动机访谈可能会被认为是一种干预:它的使用是有目的性的,它的界定是清晰明确的,并且社会工作者遵照明确的实践指南,以确保访谈进程的开展朝着积极结果推进。

通常情况下的干预会更为复杂。凯西家庭项目(Casey Family Program)的实施就是一个例子,这个项目的工作人员为提高寄养看护的长期效果进行了大量尝试。在凯西家庭项目(见专栏1-1)中,手册指导式干预(manual-based intervention)不仅提供了基本的寄养护理项目,还提供了一组增强服务,以增进儿童的福祉。凯西家庭项目的工作人员希望了解,当比较在儿童时期曾参与凯西家庭项目的成年人与参与俄勒冈州和华盛顿州常规寄养护理项目的成年人时,他们的项目是否会带来显著的生活轨迹收益。

第一章
什么是干预研究？

专栏1-1 凯西家庭项目：改善的寄养服务对生理和心理健康的长期影响

在一年的时间中，有近1%的美国儿童会被寄养到福利院，在一年中的任何时候，都有超过50万的儿童生活在福利院中。总体而言，寄养服务系统是一个由联邦政府、州政府、基金会和其他基金支持的公私项目的拼合体。与由国家直接管理的公共寄养项目不同，私人项目往往能提供更好的服务，工作人员的工作量更少且薪水更高。

在吉姆·凯西（Jim Casey，联合包裹服务公司的创建者之一）所创办基金会的支持下，凯西家庭项目在华盛顿州、俄勒冈州和其他州提供了更好的寄养服务（并于2003年关闭了一些规模较小的办事处，包括俄勒冈州办事处）。行政人员对在华盛顿州和俄勒冈州的寄养结果进行了回顾性比较。他们想了解，曾接受凯西家庭项目提供的寄养家庭护理服务的成年人，在各项健康结果上，是否与曾接受公共系统提供的寄养家庭护理服务的成年人有所不同。

在研究期间，凯西家庭项目对那些由于受到虐待或忽视而离开原家庭的儿童提供了一种复杂的干预。服务的成本比公共寄养所提供的服务的成本高约60%。约98%的个案工作者拿到了硕士学位（其中90%为社会工作专业硕士），他们每人接手15—17个孩子的个案。相比较而言,在华盛顿州和俄勒冈州的公共寄养机构只有不到43%的工作人员拥有硕士学位(其中20%—23%为社会工作专业硕士),他们接手的个案数量在25—31不等。凯西家庭项目寄养家庭每月获得100美元的固定补助和一系列适度的财政支持,如用于青少年校外活动的基金(这种基金在公共寄养中通常是没有的)。此外,凯西家庭项目的儿童还有机会获得可观的奖学金(部分或全部学费、住宿费、被职业培训项目或大学录取后的食宿费用),而对于参与两个公共寄养项目的儿童,这种服务或支持仅限于18周岁以前。

凯西家庭项目服务通常被视为最佳做法,对于实践的指导记录在一本名为《临床实践和案例管理实践指南》的手册中。手册的使用与季度评估过程相关联,在季度评估期间,所有凯西家庭项目的孩子在后三分之二的研究中都要接受评估,使用的标准化评估量表包括安塞尔-凯西生活技能检核表(Ansell-Casey Life Skills Checklist)、阿肯巴克儿童行为检核表(Achenbach Child Behavior Checklist)等。通过这些评估,个案规划中使用了八个因素:情绪健康、家庭适应及其他方面关系、文化认同、能力和成就、身体健康、教育发展、自给自足以及法律介入。大部分养父母会作为良好的合作伙伴,全力参与个案规划进程。

在法院和国家保护性服务终止父母的权利并建立保护性

抚养关系之后,儿童开始参与凯西家庭项目计划。凯西家庭项目只接受那些因为受虐待或有行为问题并能在家庭环境下接受服务的、需长期安置的孩子。不过,安置的首要原因是儿童被虐待或被忽视。凯西家庭项目设计的初衷并不是为那些主要因为情绪的、生理的或发展的障碍而需要安置的孩子提供服务。对照组的孩子包括那些符合凯西家庭项目准入标准但因无项目名额而没能进入凯西家庭项目的孩子,以及那些符合研究标准但没有被推荐到凯西家庭项目的孩子。

由于公共安置的儿童数量远比安置在凯西家庭项目的儿童数量大得多,因此,随机抽取了俄勒冈州和华盛顿州符合凯西家庭项目准入标准而参与公共安置的一个儿童样本,作为对照组。通过使用案例记录和公共记录(例如机动车登记),约有72%的毕业生(凯西家庭项目71.6%,俄勒冈州的公共项目73.7%,华盛顿公共项目72.7%)被选定并接受了访谈。在后续的数据收集之前,该样本中的项目毕业生已经不需要护理大约1—13年。

通过对非回应毕业生(即没有接受访谈的毕业生)和凯西家庭项目与公共项目毕业生在寄养前的性格、生理和心理健康进行数据调整后,对111名凯西家庭项目毕业生(OR,n=29;WA,n=82)和368名公共服务的毕业生(OR,n=126;WA,n=242)进行了对比。凯西家庭项目毕业生患以下几方面疾

> 病的时间明显比公共服务项目的毕业生少12个月：溃疡、心脑血管疾病（如糖尿病、心脏病）、重度抑郁、焦虑障碍、物质滥用障碍。凯西家庭项目毕业生呼吸系统疾病的发病率较高。在诸如头疼这样的疼痛状况中没有明显差异。研究显示，这些差异可能与更好的寄养照顾有关，凯西家庭项目毕业生在与公共服务毕业生进行对比时已经接受了超过两年的服务，不过他们有更为稳定的安置经历（如更少中断）。总的来说，与公共服务毕业生相比，尽管凯西家庭项目毕业生的疾患流行率仍然明显地高于整体人口的指数，但他们在长期身心健康上都明显更好了。这意味着即使是改善的寄养照顾项目也无法完全克服虐待儿童带来的负面影响。
>
> （来源：Kessler et al., 2008; Pecora et al., forthcoming; U.S. Department of Health and Human Services, 2008）

风险过程

在凯西家庭项目中，面对诸如虐待儿童这样的不幸，干预可能会通过持续提供的正常功能来阻止社会或健康问题的恶化。在阻止方面，可设计干预来中断导致社会和健康问题的风险过程（Hawkins, 2006）。比如，在预防犯罪方面，一个社会工作者可能会尝试减少其受犯罪同伴影响的风险——这是一个广为人知的未成年犯罪风险因素——她或他将通过以下方式来减少这种风险：

第一章
什么是干预研究？

为这个孩子提供一个良师益友，或者提供一个与亲社会（与反社会相反）同伴共同参与的课外活动项目。从这个角度看，干预的目的是中断异常行为问题形成的过程，因为在异常行为问题形成的过程中，孩子会处于危险之中且易导致与犯罪同伴交往，反社会的言谈举止会被强化，并随后参与到犯罪活动中（更多关于异常行为问题形成过程的内容，可参见 Gifford-Smith，Dodge，Dishion，and McCord，2005）。

保护和增强

因此，干预是有目的的行动，旨在改变行为、降低风险或改善结果（Centers for Disease Control and Prevention，2007b）。附带说明一下，一项干预可能会通过以下两种方式减少危险：一是直接降低脆弱性（vulnerability）（比如，将被忽视的孩子从他们家里转移出去，安置到寄养家庭中）；二是增强抵御风险的保护性因素（比如，为有高风险的新生儿父母提供一个参观家庭护理的项目）。在社会工作中，提高保护是增强导向的基础（Saleebey，2005）。实际上，像凯西家庭项目这样的干预经常两种方式都尝试，也就是说，他们会致力于减少暴露于风险之中的机会，同时也会努力增强保护性因素。

干预层面：个人被嵌入环境影响之中

干预（intervention）或**项目**（program）——这两个术语在本书中是同义的，可替换使用——在个人、家庭、群体、组织、社区、社会等系统层面，可能会产生不同结果。我们可能会选择将干预目标瞄准一个层面，却计划在另一个层面观察到改变或积极的结果。例如，家庭干预经常致力于改变个体行为，他们会通过改变家庭层面的可变因素（比如，家庭交流或支持）来实现这一目标。同样，学校的干预也可能致力于提高某个孩子的学业表现（个人层面），但是常常将关注点集中于改变学校的可变因素（比如，学校规模、文化或领导风格）。聚焦于个体的干预，常常致力于改变个体的态度、行为或信念。但是，个体层面的干预可能也会影响到其他领域，比如，残疾状况、消费者满意度、生活质量，或者在组织层面的单位服务花销。关键思想是干预及其趋向的结果经常在一个层次结构上交织。孩子被嵌入家庭，家庭被嵌入社区。我们可能通过将干预目标指向一个或几个层面，并改变个体因素和环境条件，来产生个体层面的结果。

结构性干预和结构模型

干预有时候会被描述为结构性的。结构性干预旨在影响社会结构（比如像法律之类的社会管制）、机会和途径、社会角色以及社会或经济地位。除此之外，政策变化也可能会被认为结构性干预。例如，在青少年司法方面实施风险评估的新公共政策，可能旨在为法庭系统提供所有罪犯的相关信息，以便于在量刑时，减少种族和民族之间的差异（Schwalbe, Fraser, and Day, 2007）。从这个角度看，风险评估是一种结构性干预，旨在影响对非洲裔、拉美裔或其他青少年的不合理监禁。

不过，"结构"（structure）这个词更常用来指变量间的模式。

例如,一个少年罪犯结构模型可能表明以下内容:小学中的同伴排斥与中学犯罪同伴交往相关,中学犯罪同伴交往与高中犯罪有关。这样的模型有两个风险因素(即同伴排斥和犯罪同伴交往)和一个结果(即犯罪)。这个模型描绘了犯罪行为的发展性风险结构。我们将在本书第三章使用这种结构模型的观点,来讨论问题和项目理论(problem and program theories)。

最终,干预有时会被描述为地域性的(place-based)。总的来说,**地域性干预**(place-based interventions)会重点强调人物、地点和方式。也就是说,他们会将关注点集中于特定的群体,这些群体生活在共同的空间,拥有相同的目标和价值观。例如,从地理学上,我们可以将社区界定为像邻里这样的社会单元,但社区也可以从功能上界定为像教堂、伊斯兰教寺院或寺庙这样的文化单元。学校有时候会被认为是社区,它由学生、家庭、教师、行政人员及其他共同感兴趣于创建一个有效教育组织的个体共同组成。学校性干预从本质上说是地域性的。"地域"(place)这个词往往包含人物(who)和地点(where)。

不过,"地域"这个词也隐含方式(how)。地域性干预通常关注将人们凝聚在一起的集体过程(collective processes)。换句话说,社区中一个成员的行为往往被认为会影响其他成员的行为。通过依属和承诺而联系在一起,社区(比如学校)在解决诸如存在横行霸道者这样的社会问题时,能够产生集体效能(collective efficacy)。从这个视角看,集体过程解释了人们如何与其他个体相联系以及关系的产生。社会凝聚力和非正式社会强制力被认为用来调节个体层面的结果。另外,地域性干预尝试通过增强社会、组织和其他基础设施来提高个体干预结果(Wagner, Swenson, and Henggeler, 2000)。地域性干预的关注点包括地域和集体过程两个方面。

干预的效果

不管是致力于改变个人、家庭、团体、学校、社区、组织的干预,还是致力于改变法制结构(如政策)的干预,其效果都是各不相同的。有些非常有效,也有一些是无效的或收效甚微。当一种干预被称为是循证的(evidence-based),就意味着这种干预已用科学的方法进行了评估,而且从评估中发现的累积结果表明,干预能有效地产生想要的结果。在这样的背景下,有效的(effective)仅仅意味着与常规的或其他伦理上可接受的方法相比,这个项目产生了积极的结果。"循证的"(evidence-based)、"已证实的"(proven)和"有效的"(effective)这些词语都是用来指这样一些科学发现,即表明干预产生了想要的结果。若证据是有力的,干预就被称为有效的。

如图1-1所示,干预中证据支持的强度是用评估进程中所使用的研究设计强度来计量的(Petticrew and Roberts, 2003; Shaya and Gu, 2006)。在这个证据层级结构的顶端,是关于随机对照实验(randomized controlled trials, RCTs)的元分析。元分析对研究的结果进行了比较和对比分析。在多个随机对照实验中得到验证,而且在元分析中发现,有效的干预获得了最高水平的支持。证据的下一层级是根据少量随机对照实验的积极结果定义的,但这种定义缺乏

第一章 什么是干预研究？

元分析研究。群组研究（cohort studies）——在这种研究中，在干预之前和之后对被试进行追踪——通常缺乏随机对照实验的支持，只能提供一种适中的证据支撑，尤其是在以下情况下：在某个群组接受干预时，对另一个对照群组进行追踪，两组均使用适当的基线测量和追踪。这些构成了证据支撑的下一个层级。在这之后是案例控制研究、案例系列研究和案例轶事报告。最低层级的证据支撑是通过专家意见、使用者证言和参与者报告来定义的。

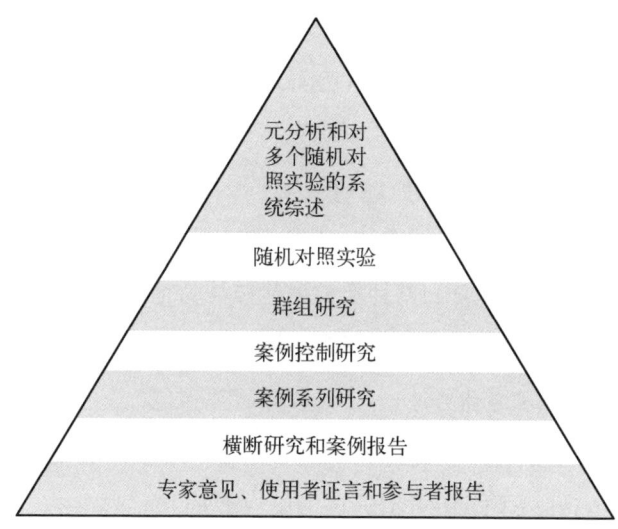

图 1-1 评估干预有效性的证据层级结构

很多专业组织（例如，美国精神病学会、美国心理学会、坎贝尔协作组织、科克伦协作组织、兰德公司）都使用这个层级结构，并结合其他标准，来保证干预设计的有效性。这些组织产生了一系列循证项目和基于早期研究的有明显前景的项目。基于研究证据强度来确定项目的总体目标,识别哪些项目在实施中很有可能产生影响。例如,参见美国教育部的《美国有效教育策略网》(2007)、药物滥用和精神健康服务管理网站示范项目(2007)或者兰德公司很有前景的实践网(2007)。比较和对比当局所使用的这些标准不在本书的研究范围之内。尽管标准各不相同,但干预研究是制定这些清单的基石,评判某个项目依据的是证据。

　　干预研究根植于科学的方法,它遵循这样一个过程:项目的设计和开发中会用到各种各样的证据。有人甚至可能认为,层级结构应该在项目开发的早期阶段就使用。也就是说,研究实践者、使用者和专家的观点都要采集,用以确定和推导相关的项目内容。一个项目立项之后,一个兼用质性和量化手段测量的群组或案例实验,可能会提供信息来完善内容或识别遗漏的内容。只有在一个干预被完全开发后,一个随机对照实验才能被认为是适当的。从这个意义上来说,证据性层级结构预示了循证实践,但是大量的方法——包括质性方法和量化方法——会被用来开发干预。

　　最终,干预研究包含科学方法的使用,以表明一种意向性改变策略(intentional change strategy)是有效的和有影响的。这两个词暗示了不同程度的科学支持。有效的研究聚焦于评估高度控制环境下的干预结果,即在这样的环境中其他可能的解释都被排除,从而研究者能非常确定所得到的结果是干预导致的。另外,研究者(通常是项目开发者)高度参与有效实验的每个方面。这些实验几乎都是随机的,也就意味着潜在的项目参与者被随机地分配到

第一章
什么是干预研究?

干预组(处理组)或者其他干预组(如常规服务组、支持组或控制组)。研究者通常直接监管干预实施,以确保项目按计划的方式执行。

有一种观点认为,一个项目在现实实践环境中进行测试前,应该可在理想条件下呈现有效性,这种观点主导着预防科学和国家健康机构的思想观念(如,Greenwald and Cullen,1985)。事实上,这种视角广泛流行,并由此产生了描述研究的两个专业术语:有效性(efficacy)实验和效果(effectiveness)实验。

尽管效果实验在研究的严格性上与有效性实验有着类似的层级,但它力图在一定规模条件下开展干预,这与有效性实验是不同的(Hawkins,2006)。在这种背景下,规模意味着提供一个在现实世界实践条件下的项目,在这一项目中,研究者仅能有限地控制可能影响结果的因素。除此之外,效果实验往往通过两种方式来检验干预,第一种是在很多地点提供项目,第二种是干预开发者给予每个研究地点的研究者以权利,使他们可以监管服务的提供。因此,效果实验的关键问题在于,有效性实验的正向发现(即干预产生一个预想的结果)是否可以在实施过程中,在没有项目开发者参与的情况下被复制到多个地点。在一项干预被称为循证干预之前,它应该在有效性实验和效果实验方面都有正向结果。

为确立用于区分有效性和效果的标准,预防研究协会证据标准委员会(Society for Prevention Research, Standards of Evidence Committee,2007, p.1)简略地总结了两者的不同:"有效性指的是一项干预(技术、治疗、过程、服务或项目)在最理想条件下利大于弊的程度。效果则是指项目在更真实的环境下实施产生的影响。"

保真度与改编：新干预的来源？

随着项目开发者在干预实施过程中参与度的降低，**保真度**(fidelity)和**改编**(adaptation)往往会凸显成为潜在的受关注因素。保真度是指一项干预按照预设实施的程度。在有效性实验和效果实验中，为提高保真度，很多项目开发者(比如，凯西家庭项目)创作了干预手册，来描述评估和干预活动。干预手册常常以实践原则为指导(比如，凯西家庭项目在案例计划中确定了八个可用因素)，而且可能包括每一次阶段活动的草案、群组会议的指南以及用以增强或补充干预内容的工作表。如果一项干预是高度专业化的，那么保真度是指"实际干预实践与最初开发草案之间的一致性"(Mowbray, Holter, Teague, and Bybee, 2003, p.316)。

在社会工作和其他实践导向的专业领域，忠实地复制循证干预已成为一个准则。治疗保真度是循证实践的一个核心概念。不过，结果表明，要使复制的干预与预设的完全相符却非常有挑战性。例如，广泛开展的戒烟项目显著减少了自1965年到2004年美国的烟草消费量(Centers for Disease Control and Prevention, 2007c)。但是，一种方法不能解决所有问题。作为众多预防措施的一部分,人们根据不同年龄、种族和民族背景,开发了不同的戒烟策略。尽管使用了同样的基本策略(比如,动机访谈、药物处理、小组工作和技能训练),但不同的项目根据目标人群语言、宗教和文化的不同而作出了调整。"忠实的"复制基于对以下因素的了解:有效戒烟干预的核心因素、对项目必须根据目标人群的语言和文化产生改变的敏锐意识(如果他们要使这些与目标人群相关联而且获得他们的理解)。

事实上,一项干预通常已经在某个特定人群中得到验证,但实践者却希望将它运用到另一个不同但相关的人群。比如,当一个家庭干预已在非裔美国人家庭中被证实是有效的,但一个社会工作者希望将这个干预项目应用到拉美裔美国人家庭中。一个有头脑的社会工作者会怎样调整这个干预,以适用她的案例呢?首先,必须了解这个干预的关键特征。在保存这些特征的同时,这个社会工作者可能也需要使用她关于目标人群的实践性知识来改变这个干预,从而使这个干预保持对拉美裔美国人家庭的适用性和相关性。她可以运用像"人格主义"(personalismo)这样的拉丁本土概念来招聘受试家庭,或用"男子气概"(machismo)这样的概念来创建保障父亲参与度的活动。改编通常指干预在被应用到新人群时所作的调整。通常情况下,改编是基于研究知识和实践经验而作出的。

有人可能已经猜出来,在改编与保真度之间存在一个动态的张力。一方面,保真度需要完全忠于项目最原始的设计,不能有丝毫偏离。**项目完整性**(program integrity)是指对原始干预设计的忠实性。我们追求具有高度完整性的项目实践。另一方面，人们通常认为改编是调节干预从而使其符合来访者的需求和特点的一个关键手段。得到有力支持的项目——**好行为游戏**(good behavior game)被大量改编，这个游戏项目的开发者之一谢普·凯拉姆(Shep Kellam)听说这一消息后评论说："这太糟糕了！你们该死地改变了所有的事情！"他的评论引起了一个重要的问题：是否有可能既确保实践中的保真度，又提高干预研究的文化关联性？

许多新的干预正是产生于保真度与改编的交叉地带。干预研究是创造和验证改变策略的过程，而这些改变策略常常产生于现存干预的改编。改编越大，做干预研究的责任就越大。

将干预研究结果转化为实践

一旦开发，干预的效力在一定程度上就由它在实践中被运用的程度决定。然而，影响干预接受度的因素可能与支持性证据关联甚小(Ringwalt et al.，2002)。实际上，很多循证干预很少能渗透进当下的社会工作实践。了解实践革新传播的必要性已催生出**转化研究**(translational research)，它是干预研究的一个分支，聚焦于如何在实践中使用基于研究支持的干预的过程。

在干预研究的远端，转化研究是关于已经证实的干预的贯彻、宣传和传播的研究。参与转化研究的那些人往往试图确定循证项目的成功采用过程或制度化的过程。他们聚焦于将干预整合进常规实践的活动。一些干预(如动机访谈)可能相对来说更容易与实践相融合,因为它们不需要广泛的训练,而且与当下实践高度一致。然而,其他干预可能需要在工作常规中发展新技能或作出大量改变。例如,当家庭保护服务在20世纪80年代被引入儿童福利实践时,人们期望社会工作者能一天24小时随叫随到,但有一个前提,即工作时间是常规工作日的上午8点到下午5点。他们需要有新的时间灵活策略,尽管不是家庭预防项目的一个正式因素,但这些工作环境的调整对于项目的成功实施至关重要。转化研究(translational research)聚焦于将干预推广至服务执行系统(the service delivery system)所需的创新(包括工作时间等组织结构,以及专业发展和培训等组织流程)。

转化研究涉及与接受和实施有效干预相关的过程的研究(Fixsen et al., 2005;Glasgow, Vogt, and Boles, 1999);不过,它并不包括一项干预的最初概念化和验证。本书关注的中心就是这个概念化和验证的过程。我们将转化和调整式适应作为干预研究的最后一步来讨论。

实践中的干预研究

干预是改变策略,而改变策略在内容上可能有本质的不同。一些干预是过程导向的——也就是,相对来说是非限定的——而且需要参与者在短时间内作出关于内容本质和内容安排顺序的决定。在这种干预中,治疗的速度和特征会随着互动和社会交往而展开。一些小组干预有这种对话的特征,很多个人和家庭的治疗也是如此。事实上,从一定程度上说,几乎所有的干预都产生于改变中介者与目标人群的动态互动过程。从这个意义上说,干预就是一个调整式适应过程,这个过程产生于以下因素的汇合:环境问题或情境、改变中介者的技能、干预的内容、参与者的回应以及环境的回应。

也有一些干预是规定性的(即用一组明确的指南或步骤来描述)。这些干预通过干预准则、协议或手册来指导。**作出选择**(Making Choice)项目是这些相对比较有规定性的干预项目中的一个。这个项目有一本全面开发的干预手册,这是我们社会工作干预研究的第一个案例。我们的第二个社会工作干预研究的案例是**学校成功档案**(School Success Profile),这是一个运用网络需求矩阵匹配儿童风险档案与循证干预的学校评估项目。下面就介绍这两个项目,并作为本书干预研究的案例。

"作出选择"项目

背景

在美国,一系列预防干预在过去20多年被开发出来。其中一项干预就是"作出选择:解决孩子的社会问题"(Fraser, Nash, Galinsky, and Darwin, 2000),这个项目的设计旨在促进小学儿童的社会性发展。通过增强孩子们的社会技能,"作出选择"的目的在于阻断与童年消极发展结果相关的风险因素。在学校全体员工(即教师、学校辅导员或学校社会工作者)充分制订了手册并将手册分发下去之后,"作出选择"项目教学生有目的地调节情绪,积极地解决社会问题以及采用积极行为合作性地与他人互动。

"作出选择"项目以社会信息加工理论为基础,该理论是一系列跨文化研究,详细说明了认知加工过程,通过这个过程孩子们对社会信息进行编码、解释以及据此行事(具体综述,可参见 Crick, Dodge, and 1994,1996; Dodge, 2006; Lemerise and Arsenio, 2000)。通常情况下,社会信息加工包括调节情绪、编码环境中的社会线索、解释别人的意图(包括推断敌意的意图)、形成社会目标、产生一系列可能的行为反应以及之后选择和实践这个反应。社会信息加工的这些方面被视为"作出选择"干预的要素。

"作出选择"项目的序列实验研究

"作出选择"项目通过使用序列实验研究进行了修正。项目内容通过一系列控制研究反复进行了完善。在第一个主要研究中,最初的三个项目单元——差不多是"作出选择"项目的一半——在北加利福尼亚的一所中学先行试点。六年级组被分到两所"校中校",其中一所采用了"作出选择"项目作为课堂作业的一部分。试点研究包括 70 名参与"作出选择"项目的孩子和 94 名被分配做常规作业的孩子。最初的数据分析表明,实验组与控制组之间在实验后没有差异。不过,研究组发现该项目在教师(教室)层面产生了影响,而且质性分析显示,在社会信息加工技能测量中,得分高的学生被分配到这样的教室:在这个教室中,教师实施的项目拥有更高的保真度。另外,对教师进行的半结构化访谈表明,更早的干预是必需的。以这些发现为基础,该项目的目标人群年龄降到三年级,项目也被显著地修改了(Nash, Fraser, Galinsky, and

Kupper,2003)。

在第二次研究中,修改过的"作出选择"项目测试对象变为三年级学生。运用前后测随机抽样设计,51名学生根据班级随机抽出来接受干预,同时根据班级随机抽取50名学生作为控制组,接受常规健康内容。与前测相比,那些接受干预的孩子在社会交往和学习定向上的得分显著高于那些控制组的孩子。此外,接受"作出选择"项目干预的孩子与其接受常规健康课程的同伴相比,攻击性明显更低。重要的中介效应(表现出不同项目效果的交互作用)出现了。这些表明,"作出选择"干预对高危孩子效果最佳(Smokowski, Fraser, Day, Galinsky, and Bacallao, 2004)。

在第三次研究中,"作出选择"与一个家庭为基础的家庭干预,"强大家庭"项目相结合。该项目运用一种等候名单设计(wait-list design)(从内在限制了项目实施后将干预组和控制组进行比较的可能),41名孩子及其家人被随机分组到控制组,45名孩子及其家人被随机分组到实验组(也被称作干预组)。干预组中的孩子接受"作出选择"项目,而他们的父母参与"强大家庭"活动,这个活动完全由指南手册指导,包括有关亲子训练和沟通的内容。与控制组孩子相比,实验组的孩子在六个观察指标中有五个呈现出显著的进步,包括:调节情绪的能力、教室中的学业表现和对同伴的攻击性等(Fraser, Day, Galinsky, Hodges, and Smokowski, 2004)。

基于以上三次研究,第四次研究被设计成了一个效果实验。来自两所学校三年级的连续三个班级(N=548)参与了这个实验。

在2000-1学年,孩子们接受常规健康课程;在2000-2学年,接受"作出选择"干预;在2000-3学年,接受"作出选择"干预,同时以教师参与协议和父母参与"家庭夜晚"项目为补充。与常规组的孩子们相比,两个参与了"作出选择"干预的实验组在社会能力(包括情绪调节能力)上等级更高,而且在后测中表现出更低社会的和公开的攻击性。此外,两个"作出选择"组在后测中的信息加工技能得分显著要高一些。在社会攻击性和公开攻击性上的差异在"作出选择"项目结束后维持了六个月(Fraser et al.,2005)。分析表明,在公开攻击性和社会攻击性方面,信息加工技能可解释了前后测差异以及后续六个月追踪的差异(Fraser et al.,2007)。

这个实验序列中的第五次研究是一次更大的效果实验。14所小学相匹配,而且在组内,哪些学校接受干预(这个干预包括"作出选择"和班级行为管理的教师训练),哪些学校提供常规服务,是随机分配的。虽然目前还无法获得该研究的结果,但初步的分析表明,随着时间的推移,这个项目的干预效果是递增的。根据老师的报告,与控制组的孩子相比,接受"作出选择"干预的孩子攻击性显著减少,而且在处理社会关系方面更有技巧(Fraser,2008)。

学校成功档案

"学校成功档案"(School Success Profile,SSP)以生态学理论(Bronfenbrenner,1979)为基础,是一个自我报告式的调查,旨在测量学生对于邻居、学校、朋友和家庭的认知(Bowen,Woolley,and Richman,2001)。因为学生从五年级到十二年级不等,所以这个调查设计了多项选择题来进行,以预示学校学业支持服务和社会服务提供的过程。基于他们的回答,学生会收到两个总结报告:一个是社会环境层面的;一个是个体适应层面的。社会环境层面由十个方面组成:邻居支持、邻居安全、学习氛围、教师支持、学校安全、同伴接纳、家庭和睦、家长支持、家长教育支持以及学校表现预期。个人适应层面包括五个方面:使用社会支持、身体健康、学校参与、问题避免以及年级。这两个层面放在一起,提供了有关个体干预的信息,以及当很多学生聚集在一起时有关学校和社区干预的信息。从这个意义上说,"学校成功档案"既可以被看作是促进个体服务提供的评估,也可以被看作是提供有关学校层级特点和结果信息的结构化干预(详见 http://schoolsuccessprofile.org)。

学校成功档案的得分可以根据国家规范来进行解释(G. Bowen, Rose, and Bowen, 2005; N. Bowen, Bowen, and Woolley, 2004; Harris et al., 1997)。设计档案是为了提供个人适应层面和其所处社会环境层面上的报告。干预结束后,一次重复测验可以提供有关个体改变的信息。在学校层面,"小组档案总结"(个人档案汇总)和"详细小组档案"可以用来界定跨领域问题。来自这两个小组层面的信息使得实践者能辨识出保证小组或全校干预效果的一些领域(Bowen and Bowen, 1999, Bowen et al., 2000; Bowen et al., 2005; Nash, 2002; Richman, Rosenfeld, and Bowen, 1998)。

"学校成功档案"的一个独特特征是有这样的期望:在结果应用之前,项目实施者将与那些完成调查的学生见面,并讨论他们的发现。这个过程往往要创造一种"团队"方法,它可以使数据驱动实践。一个小学版本的调查(小学成功档案,Issp)已经被开发出来。它运用电脑专门设计了年龄较小儿童参与的调查,而且还有为主要照顾者和老师设计的补充调查(Bowen,2006;Bowen et al.,2004)。学校成功档案项目和小学成功档案项目已经开发了一个以网络为基础的资源库,使研究者可以回顾与每个层面的因素相关的循证实践(也是有前景的实践)。实践者通过使用网络资源库可以确定关注的领域,回顾适合他们所研究的儿童层面的潜在的支持型干预(详见 http://www.schoolsuccessonline.com/clients/sspprograms/default.asp)。

通过研究来设计和优化干预

"学校成功档案"和"作出选择"两个项目都由对儿童的纵向研究发展而来,而且都通过一系列研究变得更完善。"作出选择"项目开始于有关儿童反社会攻击行为的文献综合(比如,Fraser,1996a,1996b),"学校成功档案"项目开始于对与学校成功和预防辍学相关的文献综述(比如,Bowen et al.,2005;Richman and Bowen,1997;Richman,Bowen,and Woolley,2004)。尽管很少被讨论到,但干预的开发通常有一系列潜在的步骤:从实践创新到试点实验、有效性实验和效果研究的文献综述。

实际上,概念化、完善和确定这三个基本活动,构成了设计和开发干预的基础。干预研究的领导者,罗斯曼和托马斯(Rothman

and Thomas，1994)是第一批用图表描述这一过程的人。他们一方面拓展了格林沃尔德和卡伦(Greenwald and Cullen，1985)早期的研究成果,另一方面作为先驱又开发了干预和创新研究(例如,Fairweather，1980；Havelock，1969，1995),提出了一个设计和开发干预研究的六步模型(six-step model):(1)问题分析和项目策划;(2)信息收集和综合;(3)干预设计;(4)早期开发和试点测试;(5)实验性评估以及完善开发;(6)传播。在本书中,我们以罗斯曼和托马斯的研究为基础,将他们的研究视角和其他人相整合。从头到尾,我们都在根据我们参与的"作出选择"项目、"强大家庭"项目、"学校成功档案"项目以及其他干预研究的经验来辅助我们的讨论。我们专注于使干预的效果最优化,通过理论和研究基础上的概念化,在试点测试中不断完善,在对照实验中进行证实等来达到这一目的。我们还不断通过处理干预或项目手册的编撰来扩大强调要点,手册告诉我们问题和项目理论如何能被运用到研究设计中。最后,我们在整本书中使用了一个广泛的研究视角,在这个视角中,不同的方法被应用到设计和开发过程的不同点上。

扩展阅读

Fraser, Mark W., James K. Nash, Maeda J. Galinsky, and Kathleen E. Darwin. (2000). *Making choices: Social problem-solving skills for children.* Washington, DC: NASW Press.

第二章

干预研究的步骤

　　干预研究有三个相关目标。首先,通过干预研究,项目得到进一步发展和完善。干预研究是一个系统的过程,在这一过程中,研究发现、基于经验的扎根理论、实践知识被结合到一起,创造新的项目或修改已存在的项目。其次,干预研究试图回答一个基础性问题:项目的革新对于产生预期的效果是否有效。就这一问题而言,干预研究至关重要,因为它运用一系列方法来共同描绘出影响项目效果的因果关系结论。也就是说,干预研究使我们可以得出这样的结论:那些观察到的结果是因为项目的实施产生的,而不是因为一些其他因素。最后,干预研究能得出具有因果关系的推断,因此干预研究的结果可以形成理论。理论发现的应用,一般通过事后中介效应分析来完成。在事后中介效应分析中,研究者试图弄清干预的机制,换句话说,分析是什么因素促使项目有效。当项目结果的**中介变量**(mediator)一旦确定,它们就可以更广泛地应用于社会和健康问题。

在系列研究中优化干预

上述三个目标都无法在一项单一的研究中实现,因此需要一系列有着不同设计的研究。正如罗斯曼和托马斯(Rothman and Thomas,1994)以及其他学者如弗莱(Flay,1986)所提出的,这些研究设计从小型的个案研究或者单组试点研究(周密地记录干预的过程)到更加详尽的实验研究(评估近端结果和远端结果)各有不同。归纳和演绎过程都被用于(定性和定量)数据与项目设计之间的持续交互作用中。

认为干预研究主要是定量的方法,而且主要依赖于有关手册化干预的实验测试的想法是不正确的。实际上,干预研究可能开始于一位临床工作者,他仅用一个实例,尝试一种新的策略而后写下他(她)做了什么。在设计和开发干预的整个过程中,定性分析发挥着重要的作用。项目材料可能会被焦点小组(focus group)的使用者和实践者审查、评论,也可能会被该问题领域的专家批判、审视。虽然从证据的层次上来说,这种审查、评估的信度是比较低的(参见第一章),但它是干预研究不可或缺的部分。本着多元方法论的精神(即认为多种方法都可以用来揭示知识的发展),干预研究几乎总是包含各种各样的方法。所有方法都可以用于干预研究,其背后是这样一种观念:在一系列系统而严格的研究中,项目的内容元素被优化了。

从这一系列的研究和回顾可以看出,干预的复杂度常常随着时间的推移而增加。单一聚焦可能会被多重焦点代替。例如,"作出选择"项目(见第一章)开始的目的是加强小学生的社会信息加工技能,但在对老师的访谈中获得的定性数据表明,情绪和情绪调节的内容也是十分需要的(Nash et al.,2003)。一旦确定这种需要,就会拓展"作出选择"项目。当项目拓展而包含新的元素,每个新元素都会增加项目的复杂性和成本。每个新的项目元素都应该测试,以确保对结果作出显著且独立的贡献。

虽然在理论上这个方法听起来很不错,但问题是不可能测试所有的项目因素,因为测试所有项目因素(也称元素和组成部分)研究花费十分昂贵。虽然优化干预的过程包括一系列实验(Collins,Murphy,and Strecher,2007),但有限的预算只允许实验者测试那些最可能的因素(Kazdin,2001)。

让我们再来思考一下"作出选择"项目。试想一个方案,在这个方案中,我们希望测试两个项目元素或因素。基于"作出选择"项目的实际发展,我们可能会测试增加的情绪内容是否对"作出选择"项目(最初的项目设计)和不包括"作出选择"项目的常规健康教育内容(控制条件)产生效果。这个方案有三个**干预条件**(intervention condition):(1)单独的"作出选择"项目;(2)"作出选择"项目加上情绪内容;(3)常规健康教育内容(常规处理,treatment-as-usual,TAU)。在第二种条件下,测试对象可能是改变或者干预的执行者,也就是"作出选择"项目的负责人。换句话说,我们想要弄清楚项目是否被教室里的老师、学校社会工作者或者学校咨询者以最好的方式加以实施。如果"作出选择"项目被教室里的老师有效地实施,那么通过广泛传播,该项目就可能会产生更广泛的影响。第二种条件下有三位执行者:教师、学校社会工作者和学校咨询者。我们可以假定,为达到最低的**统计功效**(statistical power)要求,在这 9 个单元中,每个单元都大概需要 30 位执行者。然而,寻找 90 位老师可能不会太困难(30 位为"作出选择"项目,30 位为加上情绪内容后的项目,30 位为常规处理),但是寻找 90 位学校社会工作者和 90 位学校咨询者却相当困难,因为每个学校通常只有一位学校社会工作者或者学校咨询者。这增加了难度,要招募更多的学校来测试干预执行者是否对改变有效。即使可能,这样大型的测试也会非常昂贵且难以控制。

因此,在系列实验中运用因素分析法存在的问题是,我们不能测试所有潜在的重要元素、所有潜在的重要项目组成因素和所有实施的方法。我们必须使用部分因素分析法并选择会带来最大影响的干预元素。也就是说,我们可以选择那些有前景的因素,但可能要付出增加服务时间、提高现存服务的要求或者增加成本这些代价。总之,最重要的是测试可能的更大效果是否与增加的复杂度相抵销。在社区中,当干预项目被充分执行,对该项目产生的影响的测量是通过它的效应大小(即干预组与控制组之间在结果上的差异大小)和它的范围(即从规模来说接受干预的目标人群的百分比)来进行的。一个项目非常有效但很

第二章
干预研究的步骤

难执行,它的影响范围就可能比较小,因而也没有什么影响力。测试那些可能有效的项目元素是十分关键的,但是会增加干预实施的难度。

在某种程度上,干预研究被定义为创造干预因素的过程,并在系列研究中完善这些因素。这一过程是反复而连续的,也就是说这一过程遵循大致的步骤,在这一过程中进行概念化和概念重建,不过在步骤的数量和性质上存在一些争议。最后,在现实条件(可利用的资源和现有的知识)允许的范围内,干预被优化了。

我们将逐步介绍干预研究。不过,正如之前提到的,干预的发展通过持续的批判性评价而细致呈现,这些评价建立在数据、新理论、专家评价和实践经验基础上。干预过程的定性研究(例如,对于项目参与者的大量访谈和观察),对于干预活动的顺序安排或干预内容的重新调整都非常有用。对于问题产生原因的新研究可以确定潜在的风险因素,这些因素应该成为新干预活动的焦点,或者可能是一个新的干预因素。中介分析的数据可以表明,假设的变化过程是否产生了预期的结果。如果一些中介过程看上去比其他中介过程更为重要,那么就可以削减某个干预,并把焦点集中在那些最可能产生预期结果的过程上。虽然我们把干预研究描述为一系列不同而又连续的活动,但事实上它是数据(特别是对项目过程和结果的测量结果)、问题及实践专长通过重要的相互作用而形成的,随着时间的推移,这种相互作用产生出完善且有效的干预项目。

历史视角：干预的设计和开发

正如第一章所述，罗斯曼和托马斯(Rothman and Thomas, 1994)对干预研究进行了概念化，认为它由六个阶段的活动组成。虽然有很多早期的干预研究倡导者和其他一些社会工作者已经发表了这方面文章(Blythe and Tripodi, 1989; Briar and Miller, 1971; Tripodi and Epstein, 1980; Tripodi, Fellin, and Epstein, 1978)，罗斯曼和托马斯(Rothman and Thomas, 1994)仍是最早撰写干预研究方法著作的人。他们提出的干预设计六个阶段的观点，利用了人类学、工程学、社会科学等领域的大量研究，而且他们的方法在很大程度上依然深刻影响当今干预研究。我们在本章后面要讨论的干预研究的五个步骤，也是基于罗斯曼和托马斯的研究得到的。罗斯曼和托马斯提出的干预设计和开发的六个阶段如下。

阶段一：问题分析和项目策划

在阶段一，找出与实践相关的问题进行研究。在罗斯曼和托马斯看来，本阶段的关键活动将决定干预设计的可行性，如果干预是可行的，就准备一个项目计划，这个计划要包括目标和时间表。在这个阶段，研究者与关键人物和机构寻求合作，并确认其他潜在合作者。阶段一的重点是从不同的系统层面去理解所选择的问题，基于检验新项目在现实环境中的可行性，为干预的开发确立有时限的目标。例如，通过辅助生活设施减少跌倒事件，就需要设定项目和政策层次的目标：三个月内，在每起跌倒事件之后，做药物评估和环境评估（项目层次目标）；六个月内，获得董事会许可，并进行药物测试和环境筛选干预（政策层次目标）。

阶段二：信息收集和综合

阶段二的重点是对项目进行革新，可以是对已有项目的补充，也可以是开发一个全新的干预项目。为了避免重复他人的工作（即再次开发和测试已经开发并测试过的项目），研究者需要进行详尽的文献回顾。另外，罗斯曼和托马斯指出，对成功案例的研究能补充对于问题的原因和相关因素的理解，这些通常是综述病因学和发展心理病理学文献的焦点。从这个意义上说，项目设计和开发的视角包括对**抗逆力**（resilience）的研究，涉及理解面对逆境或者高风险时仍然产生规范行为的过程（Fraser，2004）。同样的道理，在确认潜在的项目要素时，研究失败的项目和研究成功的项目同样都很有用。在工程学中，这种方法有时被称为**失败案例分析**（failure case analysis）。也就是说，当大桥倒塌或者大坝垮塌，工程师试图进行现场还原以了解当时发生了什么及其发生的原因。罗斯曼和托马斯认为，从成功或者失败的案例中可以学到很多。

阶段三：设计

在阶段三，研究者开发干预模型和测量模型。所有干预研究的共同特征之一是同时开发**干预模型**（intervention model）和**测量模型**（measurement model）。设计干预的同时，也要设计测量干预效果和干预实施的方法。干预常被设计来改变知识、技能和机会。例如，禁烟研究者可能选择有关知识、技能和机会的中心要素来组成干预要素，如加强对长期吸烟后果的意识、强化拒绝他人给烟的技能，或强调法律对尼古丁产品的控制。罗斯曼和托马斯主张，对于干预来说，最好的效果测量是与干预的中心因素紧密联系的。因此，就禁烟项目来说，研究者需要开发与项目匹配的知识、技能和机会等因素的测量方法（Prochaska et al.，2007）。在干预研究中，设计与测量联系紧密：缺少其中任何一方，另一方也无法形成。

本阶段的中心任务是将理论概括转化为实际应用，这些理论概括是从文献中提取的实践含义。我们将在第三、第四章讨论这一转化任务，这一任务主要是开发**项目理论**（program theory）和项目材料，包括干预手册。充分的文献回顾是发展实践导向策略的基础。在干预研究的这一阶段，了解感兴趣的特定人群至关重要。干预方法如指导性对话、脚本化学习或团队角色扮演，都必须与理论和研究紧密相关。最后，在阶段三，罗斯曼和托马斯讨论了执行干预程序的构想。如今，我们可以将此视为开发了一个**逻辑模型**（logic model）或者详细说明了一个变化理论——这些主题我们会在第三章具体讨论。

阶段四：早期开发和试点测试

在阶段四，干预第一次被测试。罗斯曼和托马斯（Rothman and Thomas，1994）强调在真实环境中进行**试点测试**（pilot test）。项目研究的开始通常没有控制条件，至少在开始的阶段是没有的。在设计和开发过程中，早期开发和试点测试通常采用个案研究、单项设计和单组前后测试来评估干预过程,这些过程包括被试的选择标准、干预实施者的培训和督导以及资料的收集。我们的观点与罗斯曼和托马斯的类似,在干预开发的早期,对项目过程的关注应大于对结果的关注。例如,在一个家庭干预项目"家庭建设者"(home-builders)的开发中,弗雷泽和哈帕拉(Fraser and Haapala, 1987—1988)对 41 个涉及儿童福利服务的家庭的治疗面询进行了录音。每次面询的录音都被转录,并根据关键事件进行编码。关键事件是指那些改变家庭成员的对话或者改变治疗过程的事件。这些数据随后被用来改进"家庭建设者"的治疗模式。经过严密收集和分析的定性数据,能与来自个案、小组研究得出的数据相结合,从而形成有效信息,以判定某个项目是否按照设定的过程在运作。无论是进行小型控制组实验还是对于项目过程细致的单组定性分析,从早期开发和试点测试中得来的信息都可以用来确定项目内容,这些内容将在随后的研究中被优化;同时,项目实施问题在进行进一步测试前也必须解决。

阶段五:评估和进一步发展

阶段五强调的重点从评估干预过程转移到了评估干预结果。把干预结果评估作为基本目标的研究,倾向于使用随机实验设计。罗斯曼和托马斯十分支持对干预进行实验验证。理论上,随机分组确保在引入干预之前,实验条件和控制条件是均等的。作为一种基于概率的方法,在样本容量充足时(随机化需要大样本),随机分组可以使实验组和控制组的可测量变量与不可测量变量相平衡。因此，干预之后，实验组和控制组之间产生的差异，可以作为一个非常好的测试项目效果的指标，不过它不是绝对可靠的指标。

阶段六：传播

假设在阶段五有积极的研究结果，罗斯曼和托马斯模型中的阶段六就涉及对研究结果和干预材料的宣传和传播。在学术期刊上发表研究结果十分重要，因为可以使干预的设计和开发接受同行的审查和评判。专家审阅研究报告时，研究的科学性和严谨性也被进一步检验，同行的审阅也能使文献总体质量提高。

为了使干预研究区别于评估研究，罗斯曼和托马斯提出，传播应同时包括创作和发表服务对象易于使用的干预手册。虽然相对来说是近期的发展，但一些出版公司已经出版了系列丛书，旨在向市场推出干预手册，也有一些专业机构发布了实践指南。这些新的传播途径体现了循证实践不断增长的重要性及其对干预研究的依赖。

总体来说，罗斯曼和托马斯所描述的设计和开发过程是发展干预的阶段性程序。这在社会工作中可能是第一次，研究被界定为是一个过程而不是一个评估项目，在这一过程中，项目逐步得到发展（Onken，Blaine and Battjes，1997）。不论是从研究者的发现得出还是来自实践者的革新，罗斯曼和托马斯的核心观点是，从一个想法到一个行之有效的干预的形成有一个逻辑过程。在罗斯曼和托马斯以及其他学者之后，致力于发展干预研究的事业，都能够在机构、政府、专业组织和高等教育机构中获得支持。

第二章
干预研究的步骤

规定性干预的出现：手册化的干预和组织化的内容

干预研究的出现是实践研究的重要发展。受美国国家卫生研究院(National Institutes of Health，NIH)资助的鼓励，从20世纪70年代开始，学者们加速了有关社会和健康问题的研究，干预开始已变得更有规定性(即有一系列指导方针或者步骤的细致规定)。当今这个领域更加丰富了，因为研究者们作出了许多贡献，他们发展了深层次、实质性的知识，并且参与干预的设计。同时，心理测量和统计分析的方法论发展提高了我们测量干预过程和结果的能力。与实践者合作，研究者正开发更为专业的干预，其中有很多已出版成手册。

从本质上来说，干预手册可以指导复杂工作(Carroll and Nuro，2001)。干预手册把干预细化为各个细小的部分，然后将这些部分按步骤排序，以组成一个完整的项目。对于研究者而言，开发完好、清晰详细的手册是大部分基金申请书的必要条件。对于实践者，干预手册使循证干预成为可复制的。

在下一部分，我们转向开发干预的过程，包括开发一个有完整设计和开发过程的干预手册。为此，我们将以格林沃尔德和库伦(Greenwald and Cullen，1985)以及罗斯曼和托马斯的观点为基础，并增加其他实践领域中学者的观点，来介绍干预过程。

干预研究的步骤

干预研究包括两个不同的设计过程。顾名思义，首先是研究设计。从广义上理解,研究设计是一个测试干预的系统化过程。研究设计可以用来描述和组织评估的各个方面——抽样和招募程序、群组或不同条件的数量(如实验组和控制组)、群组或条件分配方式(如随机分组)、评估干预过程和结果的测量方法(如自我报告、行为观察、父母或老师的评价)、数据收集的数量以及用于分析数据的统计程序。不同于研究设计,干预设计注重项目的开发。在某种意义上分析研究文献,然后将其综合成实践策略,设计一项干预,包括想象性地借鉴文献从而形成实践内容。干预设计是确定实践活动并安排实践顺序的创造性过程。我们所指的实践策略,包括所有旨在处理风险因素或保护性因素及其过程的实践活动,比如指导小组讨论的问题、同行冲突的处理规则、角色扮演的故事情节和心理教育技能培训项目里的家庭作业学习单。为了更有效率,这些实践活动必须有趣且相互关联;它们必须能够在现代议题和语言的上下文背景中被测量。有效率的活动以理解同辈文化以及种族、民族、年龄和性别差异等为基础。

研究和干预设计是技术性活动,都需要专业知识和技巧。为了进行效果和效率的研究,对干预的检验需要关于评估方法的知识,**实验设计**(experimental design)的技能和统计方法。设计干预不仅包括该问题领域的大量专业知识,而且还包括对人口以及干预可能提供的背景的理解。干预设计和研究设计都涉及文本书写。干预设计倚重科学阐述的简洁性,研究设计则倚重想象力和文学的类比性(literary analogue)。

就像一个体育团队需要队员扮演不同的角色,干预研究也需要研究者扮演多种角色。他们需要以下技能:
- 创造性地从研究和理论中提取方法和策略;
- 在上下文背景中开发这些策略;
- 同社区伙伴一起开发评估设计;
- 选择或者创造实践策略的测量方法;
- 管理数据收集和分析的技术性细节。

这并非易事。这就是为什么这么多干预研究需要有众多的研究者和实践者团队的原因,他们把自己的各种兴趣和能力带入到设计和开发的任务中来。

在我们看来,干预研究有五个步骤,随着时间推移在许多研究中展开。的确,有一些步骤本身就有一定顺序的任务,比如干预手册的编写步骤。而且,每个干预研究的步骤、数据(包括数字和文本),都可能需要修正。因此,在设计和开发活动时,可以随时返回上一个步骤重新进行概念化。干预研究的五个步骤如下:

1. 明确具体问题并开发一种项目理论;
2. 创建并修订项目材料;
3. 完善并确认项目成分;
4. 在不同实践背景和环境中评估效果;
5. 传播研究结果和项目材料。

这五个步骤构成了一个概念化、提炼和确认干预之核心特征的过程。表2-1详细说明了五个步骤以及每一步的活动。当每个步骤中的过程可以详细说明一系列活动,我们就把这些过程界定为一个"阶段"。"阶段"(stage)这个词用来描述创建项目手册时有次序的活动。"步骤"(step)这个词用来定义干预研究中的五个步骤。表2-1是本章余下内容以及接下来章节内容的基础。

表2-1 干预研究的步骤:各步骤活动的特征

步骤一	步骤二	步骤三	步骤四	步骤五
明确具体问题并开发一种项目理论	创建并修订项目材料	完善并确认项目成分	在不同实践背景和环境中评估效果	传播研究结果和项目材料
特征	特征	特征	特征	特征
开发问题理论 ● 描述问题的发生率和流行度 ● 开发一个结构模型,包括风险因素、保护性因素或者其他因素 ● 详细说明中介因素和机制 ● 回顾文献 ● 咨询专家,包括实践者和服务对象	完成干预手册的初稿和其他相关材料 将材料交给该问题领域的外部专家审查,或者交给其他具有该项目或人口学知识的人员审查	保持执行中的高控制度,分别测试主要的干预成分 在效果测试中,将干预成分和试验相结合	在不同实践背景和环境、规模状态下,测试干预 基于干预的目标,评估效果大小	发表结果 发表项目材料

续　表

特征	特征	特征	特征	特征
开发项目理论 ● 在不同的系统层级，详细指出可塑的风险因素或者机制 ● 确定干预的层次、环境和执行者 ● 开发逻辑模型或者变化理论 ● 详细说明项目投入 ● 详细说明项目目标和活动 ● 详细说明基于中介变量的项目产出 ● 详细说明最有可能和最不可能的结果 ● 详细说明变化模型 ● 设置成功的标准	详细说明项目的基本内容	用中介因素评估效果大小	对有效的子集来评估效应大小（如剂量、治疗程度的不同）	拟定训练协议和认证项目
	干预手册和其他项目材料的试点测试	实施中介变量分析		
	拓展干预手册的内容，包括： ● 执行问题，如组织和其他背景因素的影响 ● 训练干预中介 ● 监督干预中介 ● 将辅助干预整合到干预中 ● 将干预和临床标准、专业指南和循证实践相联系	测试中介变量的调节效应 基于中介变量和中介变量分析，开发适应规则		
	详细说明初步指南，使内容能适应环境和人群			

干预研究的步骤一：明确具体问题并开发一种项目理论

在步骤一中，干预的核心特征被开发出来。这个过程包括对问题、目标人群和变化过程的详细描述。变化过程有时被称为**项目理论**（program theory），在某些情况下，也称为变化理论（theory of change）（Fulbright-Anderson, Kubisch, and Connell 1998）。项目理论阐明了近端和远端结果，以及研究者期望通过该干预过程观察到的积极结果。

问题通常被看作只出现在个体层面上，但是它们能够并且应该从所有可能的角度来分析。在大部分情况下，理解问题的第一步都是测量问题的发生率和流行度。通常可以使用现存数据去估计一个社会性或者人口学条件下的问题的流行度，例如女性与男性受问题影响的百分比。流行度的数据在证明风险随着时间推移而产生变化和在确认高危人群时尤其有用。因此，正如表 2-1 所指出的，步骤一中的一个主要活动就是，描述潜在风险人群问题的流行度，不管这些风险人群是在个体、家庭、小组层面，还是在组织层面上界定，都是如此。

在详细说明问题和目标人群后，文献研究通常被用来理解与问题相关的风险因素和那些可以降低风险的保护性因素。这两种因素都十分重要，因为它可以通过强化保护性因素来降低风险。风险过程可以在不同系统层级上运行。例如，一些学校的孩子可能有高辍学率，因为学校没有为高危的孩子进行系统评估和提供支持性的服务。虽然学校可能从个体层面对每个孩子面临的一系列风险因素都进行了确认,但更可取的干预也许是进行组织层面的干预,改变学校政策以提供日常评估和指引。在步骤一中,主要风险因素或过程是从系统的视角来识别的。

建立项目理论包括识别干预中具有可塑性的(即能被影响的)风险因素和那些切实可能被改变的风险因素。一些风险因素是很容易被识别的,但它们不能被影响或改变。例如,对于暴力行为来说,性别就是一个风险因素,因为男性更有可能参与攻击性行为。然而,性别是不可塑的。尽管如此,男性被抚养的方式可能对暴力事件发生率的提高有所影响。因此,尽管性别本身并不是建立项目理论的一个理想变量,但父母的社会化实践可能会被作为干预对象。详细说明一个项目理论,包括识别可塑的风险因素,比如男性的早期暴力行为,并根据可塑因素发展循证的改变策略,如教养干预。在这种情况下,我们知道,父母对子女的社会化实践可以通过心理教育干预来改变(例如,Fraser et al.,2004;Kaminski, Valle, Filene, and Boyle, 2008)。教养技能可能是一个干预的项目因素,可以用它来预防男性(一个不可塑的风险因素)作出早期反社会或者暴力行为(教养干预中的一个具有可塑性的风险因素)。

在步骤一中,终极任务是通过对问题的透彻理解,开发出一种项目理论。基于细致的研究文献回顾以及来自实践者、倡导者、专家及其他了解该问题的学者的信息,研究者确定了假定的风险因素和保护性因素。这些因素成为设计项目因素和详细说明近期结果的基础(有关风险因素和保护性因素的回顾,请参阅:Fraser,

2004；Jenson and Fraser，2006)。在创建项目理论时，研究者往往会使用证据来设计干预的概念框架。这个过程包括通过一系列干预行动或活动，针对那些可以改变的目标因素进行干预。我们将在第三章中具体讨论这一视角。

干预研究的步骤二：创建并修订项目材料

在步骤二中，项目材料得到发展，并且随后根据批判性审查和试点研究的结果而被修订。的确，通过所有连续的干预研究步骤，项目材料将逐渐得到完善。不过，最初的任务是对干预的详细说明和可行性测试。卡罗尔和努罗(Carroll and Nuro，2001)扩展了昂肯等人 (Onken et al.，1997)的观点，成为最早将评估放入手册的两位学者。卡罗尔和努罗的方法从产生有实践前景的粗略框架到设计适合各类人群的复杂草案，追溯了手册发展的活动。他们的方法包括三个阶段，是第四章有关治疗手册更为深入讨论的基础。

手册发展的阶段一：起草初稿和测试其可行性

阶段一包括创建干预项目方案的初步框架和试点测试该项目的可行性，试点测试包括评估实践者按照初步干预项目方案执行的能力。在这一阶段，干预的核心元素由专家(包括实践者、服务对象和其他在该问题领域有专长的人)来进行文本书写、审阅、付诸实践并使用一系列评估方法进行评估。作为干预基础的理论概括应该以理论语言进行描述，促使服务对象改变所赖以发生的机制(或活跃的成分)也应该充分开发。另外，干预的持续时间必须确定，这通常由一给定时间内干预各部分的数量决定。各部分的目标和活动都需要详细说明：是必需的还是可选择的。指定某些要素为基本要素，是制定项目基准或衡量项目执行保真度的基础。

手册发展阶段二：拓展手册，提供执行和训练方面的指导

在卡罗尔和努罗关于项目开发过程的第二阶段，干预手册被拓展，包括处理执行过程中常见的挑战或障碍的策略。这些策略可能包括增加处理小组成员冲突的指导、挽留不情愿的参与者（如家庭干预中的家庭成员）的方法、延伸技能以激发漫不经心的参与者在活动中更加投入以及处理干预之前和干预期间有酗酒或嗑药问题的服务对象的辅助干预。手册发展的这个阶段还包括为选择和训练干预执行者和督导者拟订方案。另外，阶段二还包括对干预和临床标准、专业指导以及辅助项目、治疗方法或者服务（如药物治疗、个案管理、自助小组）进行整合。

手册发展阶段三：完善经过实践检验的手册，使之可在不同环境中运用

阶段三的活动假定，一些功效测试已经证明干预过程在产生预期的和统计学意义上显著的结果中是有效的。在这一阶段，项目材料在以下条件下进行测试：（1）多样的人群（如，精神健康问题相关项目的参与者，比如抑郁症患者；或者社会问题相关项目的参与者，如流浪人士）；（2）在不同的实际社会背景中（如，城市或农村低收入地区中的项目）；（3）与各种干预执行者合作（如项目准备由本土的助人者或由初学者还是有经验的工作人员提供）。这里的目标是基于不同文化、语言和环境来充分察觉不同项目机制的细微差别。手册开始成为转化和采纳已得到证明的干预并使之成为在不同人群中行之有效的指南。

卡罗尔和努罗关于干预手册发展的三阶段过程,清晰地展现了贯穿干预研究五个步骤的干预材料的设计和开发。在第四章,我们将详细描述一个四阶段手册发展过程,并讨论干预设计的一系列活动,包括项目构想、修正、差别化和转化。

干预研究的步骤三：完善并确认项目成分

一经开发,干预通常就有了不同的成分,每个成分都被设计用来处理重要的风险因素。干预研究的步骤三中,这些成分在研究中被测试和完善,这些研究对项目实施保持着高度的控制。研究中可能使用多种设计,而且应该构建针对效能水平分析的活动,对分析中每个主要的成分或者成分组合的效应大小进行评估(Collins et al., 2007)。

步骤三的研究目标是确认干预因素的核心成分,包括因为成分结合而产生的协同效应和经济效应。例如,一项干预可能有两个主要成分：一个涉及个体干预,另一个是对个体家庭的干预。步骤三需要进行一系列研究来评估每个项目成分的效果,因为一个成分可能实际上比其他成分更有效果,一个成分也有可能更难执行或者比实际上花费更多。在这一步骤中,干预成分不断被完善和拓展。在完成步骤三后,干预的核心活动或者其核心成分应该被很好地界定,并且每个成分的不同效果都应该被明确。

干预研究的步骤四：在不同实践背景和环境中评估效果

设计效果实验是为了在日常实践中确认干预成分。也就是说，他们在研究者控制有限的实践条件或背景下测试干预效果。虽然保真度是效果测验的中心方面，但在步骤四中地点和参与者的数量通常意味着临床或项目的监督是由现场人员提供的。效果实验的一个关键特征是在接受常规处理的条件下实施。

在效果实验中，要评估两种不同强度的干预的效果。这些评估以**治疗意向**（intent-to-treat，ITT）和**有效性子集分析**（efficacy subset analyses）为基础。对于治疗意向而言，要汇总全部接受、部分接受或者不接受干预的所有参与者的实验结果，并将其与在控制条件下的个人的结果作对比。有效性子集分析着重于评估在不同干预条件下，根据干预条件分类的参与者的干预效果大小。从步骤三的效果测验，通常可以确认干预恰当介入的基准。如果根据接受处理的不同水平来选择参与者进行分析，那么就可以通过评估各功效子集来确定效应大小，这些功效子集是根据参与者接受干预的水平来分组的。不幸的是，这种类型的分析会产生严重的选择性偏差（见第五章），但最近统计学方法上的发展为控制选择偏差提供了有效的方法。我们将在第七章中讨论这些方法。

干预研究的步骤五：传播研究结果和项目材料

一个经过证明的干预只有在其开始运用于高危人群时才有用，也就是说，通过执行者按照预期目标执行一段时间且效果得以保持时。通过最完善的概念化过程，干预研究应当能够产生项目，当这些项目被广泛实施时，会对社会和健康问题产生重要的影响。从这个角度来说，仅开发和测试一个项目并不够，虽然这样做已经是相当高的要求了。为了对社会和健康问题真正产生影响，有效的项目必须被应用到日常实践中。

研究结果和材料的传播是扩散的一方面；然而，**实践渗透**（practice penetration），且让项目进入到目标人群中或者被实践者和执行者理解、应用是更实际的传播。研究和个案显示，实践渗透性高的项目通常：

- 优于常规服务；
- 与机构实践相协调；
- 不会比现存服务更复杂；
- 容易尝试（失败了容易拒弃）；
- 可能产生被当局认为重要的有形结果。（Rogers，1995）

罗杰斯（Rogers，1995）称这些条件为相对优势、兼容性、复杂度、可测试性和可观察性。迄今为止，还未出现可靠的传播和扩散的指南。但是显而易见，宣传和传播通过创造广泛的项目材料并通过令人信服的方式展示数据，来影响公共政策制定者、媒介管理者和其他领导。我们将在第六章讨论传播和扩散遇到的挑战。

结论

本章的目的是回顾社会工作中干预研究的历史基础并描述干预研究的步骤。我们总结了罗斯曼和托马斯关于设计和开发的观点。基于设计和开发方法,我们对干预研究中的五个步骤进行了概念化:(1)明确具体问题并开发一种项目理论;(2)创建并修订项目材料;(3)完善并确认项目因素;(4)在不同实践背景和环境中评估效果;(5)传播研究结果和项目材料。这五个步骤聚焦于在一系列充分利用定性方法和定量方法的研究中优化干预及其组成因素。

我们着重强调项目的设计、开发和对项目活动和材料的测试。虽然项目设计始于步骤一对项目理论详细论述,并在步骤二中进一步完善,完成手册的初稿,但在步骤三和步骤四中,数据继续被用来作越来越复杂的完善,使干预能在多样的实践环境中实施。在接下来的章节中,我们将以"作出选择"项目和"学校成功档案"项目开发为例子,评述干预研究过程的每个步骤。

扩展阅读

Collins, Linda M., Susan A. Murphy, and Victor J. Strecher (2007). The multiphase optimization strategy (MOST) and the sequential multiple assignment randomized trial (SMART). *American Journal of Preventive Medicine*, 32(5S), S112-S118.

Prochaska, James O., Kerry E. Evers, Janice M. Prochaska, Deborah Van Marter, and Janet L. Johnson(2007). Efficacy and effectiveness trials: Examples from smoking cessation and bullying prevention. *Journal of Health Psychology*, 12(1), 170-178.

Rothman, Jack, and Edwin J. Thomas(eds.)(1994). *Intervention research: Design and development for human services*. New York: Haworth Press.

第三章
步骤一：明确具体问题并开发一种项目理论

早期的社会研究者们热衷于论证项目能否对改善诸如犯罪、虐待儿童和药物滥用等重大社会问题起到积极的作用。他们对探索这些项目在诸如新技能的获得、社会支持的改变或是对治疗的遵从等短期效果方面是否有积极影响的兴趣不高。他们更趋向于聚焦在长期效果方面，强调立足于远端效应（distal effects），同时干预也被广泛地概念化。

例如，我们以美国1941年专为检验个案倡导（case advocacy）和支持性引导对犯罪行为的干预效果而设计的坎布里奇市和萨默维尔市青年研究（Cambridge-Somerville Youth Study）项目为例，来回顾一下早期干预项目的特点（Powers，Witmer，and Allport，1951）。这一项目以马萨诸塞州的431名男孩为研究对象，研究者根据研究对象的特征进行了配对，这些特征包括年龄、体质、家规家纪、宗教信仰、种族和社区犯罪情况等。特质相同的每一对研究对象，被随机分到干预组和控制组。干预组的男孩从10.5岁开始接受课业辅导、医疗照顾和其他常规指导等干预服务，这些支持一直持续到

16岁。

通常来讲,个案工作者每个月要对这些男孩(干预组)家访两次,并且会带他们去参加各种体育赛事及其他社区活动。此外,干预组的这些男孩还可以参加由项目支持的野营旅行及夏令营。在周密计划之下,这些干预服务背后的基本理念是为了提供一种友好的、支持性的咨询服务给高危男孩及其家庭。17岁以后,这些男孩的严重罪行会被记录下来,并且作为测量干预效果的指标。在这个研究的末期,干预组与控制组的男孩表现并没有显著差异(McCord,1992;Powers, Witmer, and Allport, 1951)。不过,一项对这些男孩的三十年跟踪研究发现,干预组的男孩在成年后更糟糕,并且被报告比控制组的男孩有更高比例的暴力犯罪和酗酒行为(Dishion, McCord, and Poulin, 1999;McCord, 1992)。这项跟踪研究断定支持性的咨询服务是没有效果的,并认为将高危青少年聚类在一起可能会导致更加堕落的和有害的影响(也被称作"偏差行为训练",即向其他高危青少年学习偏差行为,参见Gifford-Smith et al., 2005)。

同早期其他关注远端效应的研究一起(Berleman, Seaberg, and Steinburn, 1972;Glueck and Glueck, 1950;Meyer, Borgatta, and Jones, 1965),坎布里奇市和萨默维尔市青年研究引发了一连串批评社会工作、心理学和其他助人专业的讨论与评论(Fischer, 1973)。这些讨论与评论常常把专业服务与具体的干预措施混为一谈,例如在"坎布里奇市和萨默维尔市青年研究"中,体现为支持性的咨询服务以及个案倡导。紧接着引发的交流与对话重燃了学者对社会工作研究的兴趣(Briar,1974;Hudson,1982)。很多社会工作学院开办了强调研究的社会工作哲学博士项目,同时社会工作硕士课程的训练也开始更加注重评估实践(Hudson,1978)。社会工作专业领域内更高级研究能力的发展,引发了一场丰富而又激烈的关于认识论和方法论的辩论(Harrison, Hudson, and Thyer, 1992; Witkin, 1991)。

　　干预研究便在这一专业自我反思、知识动荡和方法论方面遭到批判的时期应运而生了。其核心概念是,实践者和研究者希望提高服务的成效以及更好地理解项目是如何运作的。然而评估的结果让他们都感到很挫败,因为这种评估似乎不怎么注重理解实施干预服务的过程。决定一个项目是有效还是无效,其原因往往是不清楚的。这种仅关注结果的评估就是后来大家所熟知的"黑箱"(black box)研究,因为我们很难把复杂的干预过程与结果区分开来。当一个项目被声称是有效的时,我们知道的是这项干预服务带来了一种令人满意的社会或健康方面的结果。尽管这个项目看上去行之有效,但是收集上来的数据却不能解释那种积极效果产生的机制。干预的过程保持着一种犹如魔术般的神秘感,因为研究者不能看到黑箱里面的情况。

　　干预研究的出现同源于定量和定性研究方法。这一领域的发展壮大,归功于一些社会工作方面的学者希望发展出一些创新性的项目,并能通过对照实验对这些项目进行严谨的验证。干预研究的发展,同样也归功于研究者希望更好地理解为什么有些项目是有效的,而另一些项目是无效的——例如"坎布里奇市和萨默维尔市青年研究"项目——为什么这个项目是失败的?(Fraser, 1994;Fraser, Taylor, Jackson, and Jack, 1991)

因着这个传统,干预研究着重于项目成效以及在进行干预时假设的变化过程。为了保持这两个焦点,问题理论(problem theory)与项目理论(program theory)这两个概念为设计和开发干预服务提供了有力的基础。问题理论与理解产生社会和健康问题的生理—心理—社会过程有关。通常来讲,这一理论要同时考虑个体因素和环境条件。尽管以问题理论为基础,但项目理论却与各种干预方法的详细说明和匹配密切相关,以达成各种短期或长期的项目目标。这个匹配的过程涉及阐明一种干预的因果逻辑,以及描述干预活动是何以产生预期的显著效果。

本章聚焦于问题理论和项目理论这两个密切相关的概念。在第一部分,我们探讨了如何识别社会与健康方面的问题,并详细指出导致这些问题发生的风险因素与保护性过程。这种视角可以用来描述发生在个人、家庭、团体、组织、社会或其他层面的问题。风险与保护性视角植根于生态和系统方面的理论,借鉴了许多来自诸如生物学、医学、护理学、心理学、公共卫生、社会学等学科和专业的文献。在第二部分,我们讨论了一项基于项目理论的干预设计。项目理论可以使我们清楚地预期某种干预将会如何起作用。如果一项研究表明某种干预是有效的,那么项目理论应该去解释为什么有效——它应该能使这个"黑箱"里的内容公之于众。

开发一种问题理论

尽管微观社会与宏观社会的特点不尽相同,但总体来讲社会工作的干预通常都有一个共同点,即关注增强人类的福祉和帮助人们满足其基本需求(National Association of Social Workers, 2007)。干预通常聚焦于诸如饥饿、精神疾病、家庭暴力或虐待儿童等重要的社会问题。不过,这种对问题的关注并不意味着我们就认同病理学的观点。事实上,许多干预都是由旨在加强保护性因素的活动组成,这些保护性因素也被称为财富或者优势。保护性因素起到阻止风险因素影响的作用(Fraser, 2004)。譬如,有一位非常支持的、全身心投入的配偶或许可以促进一位心脏病或其他疾病患者的康复。居住在一个有大人照看孩子的社区或许可以减少与帮派活动相关的伤害事件发生。这些因素均起着保护的作用——它们降低了风险的发生。为了设计和开发一种有效的干预,我们必须明确问题,并熟悉产生或抑制这个问题的机制。这些机制经常是风险因素和保护性因素的结合。在建立优势(即促进保护)的同时降低风险的干预也并不罕见。

问题理论是对个人和环境因素的一种描绘——兼具诱发风险和抑制风险(即保护性)特性——并导致问题的出现或持续。我们使用问题理论来确定干预的杠杆点(leverage points)。在清楚确定某个问题后,我们经常能够回头再去确定这些杠杆点,并发现干预中或许可以改变的风险因素和保护性因素。因此,确定问题是建立某一干预之因果逻辑的第一步。

问题是什么?

个人层面的问题通常更容易发现。例如,一个青少年没有家,所以他的问题就是无家可归。但是,无家可归是唯一的问题吗?什么原因造成他无家可归呢?如果根本的原因是精神疾病,那么无家可归可能就是一种未经治疗的严重精神障碍的表现。也许未经治疗的精神障碍应该才是所谓的问题,假如这个青少年是露宿街头,那么我们就要进一步思考这个问题是否还包含药物使用或性交易的问题?是否还包含艾滋病病情暴露或其他严重的身体疾病?即便在个人层面,问题通常也很复杂,故在设计一项干预时需要对从何着手作一个战略上的决策。在刚刚假设的青少年这个例子中,你可以选择无家可归这一问题作为着手点。如果你能解决无家可归这一问题(也就是说,最迫切的问题),你也就有可能同时解决其他相关的问题。

问题可以且应该从不同的层面来定义。事实上,个人及其家庭通常被置于界定服务和资源参数的更大系统之中。回到之前无家可归的例子,露宿街头可能是国家或本地政府对低收入家庭的精神疾病患者照顾方面的经费投入不足而导致的一种意外后果。露宿街头也可能是由于私人保险公司限制投保家庭精神健康照顾方面的保险范围而导致的一种远端结果。露宿街头还可能是当地执法机关在保护年轻人在其家中免遭性虐待方面的无能体现；又或者，假如涉及药物滥用问题，露宿街头则可能是因为当地缺乏足够的针对成年人的药物滥用治疗项目。由此看出，政策环境也创造了与社会和健康问题盛行息息相关的环境条件和服务资源体系。

在意识到政策环境后，我们通常会通过评估某个问题的流行度和发生率来开始设计一项干预。**流行度**（prevalence）是指某个问题或疾病在某个既定的时间点受该问题影响的人群占当地总人口的比例。**发生率**（incidence）是指在一定时间内受某一问题影响而新增案例的比重。发生率通常用一个比率来表达，例如一年内新增的案例数跟总人口的比值。我们可以将发生率看作是总人口中的某些人，在一定时间内将发展出某种特定问题的可能性。相反，流行度可以用一个简单的比值来表示，也就是经历某个问题的人群占总人口的百分比。

有关流行度的数据通常可以从联邦或州政府部门获得。例如疾病控制与预防中心（the Centers for Disease Control and Prevention，CDC）维护的青年危险行为监测系统（Youth Risk Behavior Surveillance System），报告了国家层面和州层面有关青少年打架、欺骗、药物滥用、肥胖及其他相关问题的流行度数据

(the Centers for Disease Control and Prevention,2007d)。疾病控制与预防中心同时还维护着另一个有关成年人的行为风险因素监测系统。该系统主要收集州层面的哮喘病、糖尿病、就诊、酗酒、高血压、肥胖、癌症检查、营养、身体活动、吸烟以及其他健康问题方面的信息(the Centers for Disease Control and Prevention,2007a)。同样,有关犯罪的数据则可以从联邦调查局(Federal Bureau of Investigation,FBI)的统一犯罪报告系统(Uniform Crime Reporting system)获得(FBI,2007)。此外,美国国家卫生研究院(National Institutes of Health,NIH)也公布了许多不同主题的流行度和发生率数据,如自杀和精神障碍等(National Institute on Mental Health,2007a,2007b)。这些信息对于我们描述一个问题的不同维度很有帮助,包括基于性别、收入、种族/民族和性取向等的不同风险。简而言之,当我们在开发一项新干预时,这些公开的数据资源或许会对我们有所帮助。

所以说,我们设计一项干预,首先就得理解所要针对问题的不同维度。因为好的流行度或发生率数据可以大致告诉我们哪些人曾经历过这些问题。不过,人口统计数据最主要的用处在于引起我们对某个问题的注意,并让我们意识到建立一个干预项目的必要性。为了设计一项干预,我们需要理解问题是如何产生的,这包括需要去理解引起这个问题的风险因素与保护性因素,以及在面对不同的人群时,这些风险因素与保护性因素又将会有怎样的不同。

描绘出干预的风险因素与保护性因素之间的交互关系,如同详细说明调节社会环境和行为或健康方面效果的机制。假设你对开发一项旨在提高低收入家庭孩子的社会与情感发展的干预项目感兴趣。为了试图理解这个问题(即低收入社区孩子的社会与情感发展),我们可能会开发一个以父母教养为视角的框架,并将此作为影响儿童成长与发展的至关重要的因素,而贫困则会对父母教养产生干扰性影响(Gershoff, Aber, Raver, and Lennon, 2007)。除了本章提到的其他例子外,下面这个例子也摘自格肖夫及其同事(Gershoff, Aber, Raver, and Lennon, 2007)有关物质贫乏对儿童发展影响的研究。其连环效应或者说风险链,以教养视角来看可能会像如下所述:

1. 贫困和物质贫乏使父母产生压力;
2. 这种压力继而对教养行为带来负面影响;
3. 混乱的教养行为最终会影响一个孩子的社会情绪方面的发展。

通过考虑产生社会问题的风险过程,问题理论要求我们确定变化的目标。前面提到的风险链为我们提供了很多干预的着手点。这个风险过程可能会通过使用不同的项目(包括消除贫困与物质贫乏的项目、旨在缓解父母压力或增强应对技能项目,以及那些为了改变父母教养方式的项目等)而在任意一个着手点上产生干扰。我们推测,就像前面提到的例子,支撑这个假定的风险链的基础是科学的证据和理论。当这些证据很确凿,

第三章
步骤一：明确具体问题并开发一种项目理论

这些推测就有可能形成各种假设。通常来讲，我们可以通过使用路径图（见图3-1）来开发出一套生动的风险链路径的图示法。

通过图3-1可以看出，格肖夫及其同事（Gershoff，Aber，Raver，and Lennon，2007）运用结构方程模型预测了美国学前儿童发展性指标方面的结果。这个模型包括系列效应涉及的因素，并增加了家长投入这个保护性因素。"家长投入"这一概念通常用家长跟孩子在一起的时间、家长对孩子的学习及课外活动的支持，甚至更广泛地说，对在家里开展的丰富多样的学术活动的支持来表示。注意在这个模型中，混乱的父母教养行为这个致病性概念已经被积极教养行为替代，这也可以视为一种优势。正如格肖夫及其同事的模型所示，有关社会和健康问题的概念性框架通常既包含了危险因素，也包含了保护性因素。

为了检验这个模型，格肖夫及其同事于1998年在美国全国范围内，收集了具有代表性的来自944个幼儿园的21 255个儿童样本的数据。在图3-1的最右边，展示了儿童认知技能（即以词汇、数学、阅读及一般知识测试来衡量的学业成绩）和社会情绪能力（即通过老师和家长对孩子的社会能力、自我规范、内化问题和外化问题来衡量的儿童行为）等远端的发展性结果。从左到右，该图说明了所假定的风险过程，包括各种风险因素和保护性因素，而且可以看到格肖夫等人对其中各种关系影响强弱的估计。

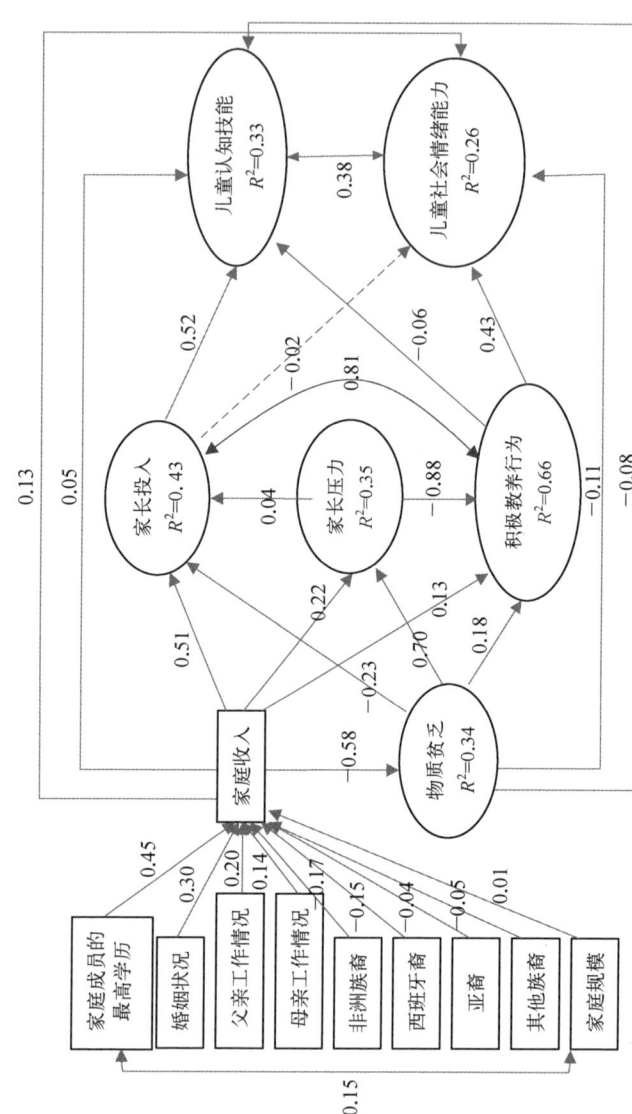

图 3-1 家庭收入及物质贫乏对儿童认知技能和社会情绪能力影响图

(资料来源：Gershoff, Aber, Raver, and Lennon, 2007, 图三；出版引用已获原作者授权)

每条路径(箭头所指)上附带的数值取值范围为-1.0到+1.0。总的来讲,这些系数说明了儿童认知技能和社会情感能力的发展性相关结构;这也是用结构方程模型来描述问题理论图表的一个基本原理。

用问题理论来建立一项干预

在一项干预研究项目的开始,问题理论模型可以用在两个方面。首先,以往的研究可以指出导致某个让人感兴趣的社会或健康问题的途径。例如,格肖夫等人的模型包含了两种途径:(1)导向儿童认知技能的家长投入途径;(2)导向儿童社会情绪能力的家长压力途径。在第一种途径中,学业成绩看上去在很大程度上受家庭收入—家长投入—儿童认知能力这条途径的影响。这一途径基本上跟物质贫乏和家长压力无关。在第二种途径中,儿童行为看上去在很大程度上却受家庭收入—物质贫乏—家长压力—积极家长教养行为—儿童社会情绪能力这条途径的影响。这一途径看起来与家长投入无关。因此,这些途径详细说明家庭收入对六岁儿童的认知技能和社会情绪能力产生影响的中介机制。

其次,问题理论模型确定了杠杆点。如果你对开发一项旨在促进幼儿园小朋友的认知能力和减少行为问题的干预感兴趣,那么格肖夫等人的研究所论证的各种路径可以给你提供两个有证据基础的干预策略。一种策略是为了提高认知能力,你可以开发一个项目来加强家长的投入。另一种策略是为了减少问题行为(增强儿童的社会情绪能力),你可以把这些途径作为依据去降低物质的贫乏和减轻家长的压力。你也可以致力于积极教养行为;不过,基于这些路径发现,你可能不会期望这些积极教养行为的改变得以保持,除非你的干预也同时涉及减轻家长的压力和物质的贫乏。通过具体说明在经济状况(如家庭收入)与一些发展性结果(如儿童认知能力)之间的中介机制,格肖夫等人(Gershoff,Aber,Raver,and Lennon,2007)的研究发现为我们提供了设计一项干预的证据基础。

　　为了使一项干预的设计更有效,中介机制应该包含可塑性因素。在格肖夫等人模型的最左边,是影响家庭收入的因素,包括社会人口统计方面的特征,如婚姻状况、教育、种族和家庭规模等受一项干预影响较小的因素。不过,位于这个模型中间部分的因素,例如家长投入、家长压力和积极教养行为,则更易于被干预影响。政策或项目层面的干预可能会对家庭收入或物质贫乏产生一定的影响。例如:扩大劳动所得税的减免额度(Okwuje and Johnson,2006);建立低收入家庭的个人发展账户或儿童储蓄账户(Schreiner et al.,2005);或者当低收入家长愿意投资在他们孩子的社会、认知和健康需求方面时,为这些家长提供有条件的现金资助(Maluccio and Flores,2004),等等。同样,家长压力可以通过组织层面的干预措施而得到缓解。例如,除其他家庭服务以外,以学校保健中心为基础开发出一套积极教养行为培训(Allison et al.,2007)。或者,家长压力可以通过提供一项个人层面的干预服务来缓解。例如,开发一个以家庭为本的上门照顾项目,为初为父母的家长提供支持并教他们一些积极教养技能(Olds et al.,2007)。通过指出在设计和开发干预过程中各行动点的中介机制,结构模型主导着项目的规划。

开发一种项目理论

正如之前所提到的,干预设计的第一步是问题理论的概念化,而这反过来也是建构项目理论的基础。前面我们已经提到过问题理论涉及对社会或者健康问题结构的理解。从干预角度来看,结构模型阐明了中介过程,而且从中可以了解何时干预以及如何干预。一种好的问题理论包括调节结构,这个结构可以通过项目或政策创新来改变。

但是,只有问题理论不足以设计一项干预,因为问题理论不能提供足够的信息。我们还需要另一种概念化来阐述干预如何改变调节过程,这就是项目理论。

无论是隐性的还是显性的,所有的干预措施都有一种潜在的项目理论。项目理论是指"为了获得期望的社会效益哪些是必须完成的这样一种概念"(Rossi et al.,2003,p. 134)。这种潜在理论描述了干预的因果逻辑。概括来说,一种项目理论通常确定了项目的目标(如家长投入);主要活动(如技能训练,有条件的现金资助);改变或干预执行者(如社会工作者)以及期望的结果(如学业成就)。虽然有很多方式来描述一项干预的因果关系,但是在这里我们只介绍两种常见的方法:逻辑模型(logic model)和变化理论(theories of change)。

逻辑模型:从项目投入到远端结果

逻辑模型显现了项目目标、投入和远端结果之间的关系。如图 3-2 所示,逻辑模型通常可以阐明一个干预过程需要的核心项目元素(即目标、投入、活动);产出(即项目活动的产出);中间结果(即中介变量的变化);远端结果。投入包括实施干预需要的资源。这可能包括员工、培训、工具和设备支出等,其中设备支出包括购买干预手册和项目其他材料等。

逻辑模型建立在问题理论的基础之上。逻辑模型的一个核心特征就是将**可塑性中介变量**(malleable mediators)(从问题理论发展而来)描述为中间结果。设想一个场景,假如你是附近一家小型机构的主任,你很关注贫困和学生的学业问题。但是,你没有政治资本来影响国家公共政策对于资源的分配,如家庭收入和物质贫乏问题。不过,你希望可以帮助附近的父母。你会怎么做?用格肖夫等人的模型,你可以把家长投入作为中间结果来进行新的干预。这个干预的远端结果可能是提高孩子的认知技能。在这个模型中,你必须确定项目目标,投入和活动来促进父母。你还需要说明家长投入对于家庭收入的依赖性,以及你如何减少这种依赖性(比如提供免费的杂志、书籍和其他材料来丰富家庭教育资源)。

第三章
步骤一:明确具体问题并开发一种项目理论

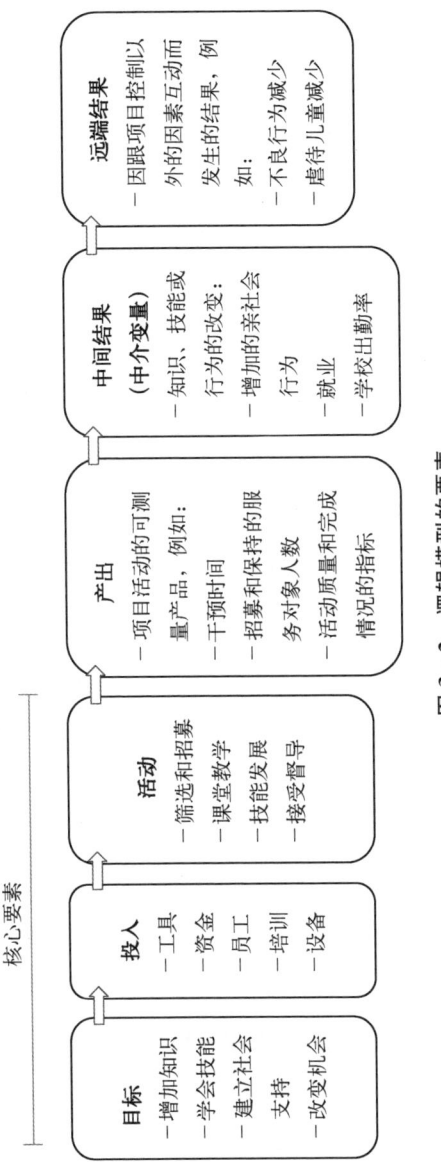

图 3-2 逻辑模型的要素

项目目标澄清了工作的焦点,项目活动则描述了干预的具体活动。在逻辑模型中,比起远端结果,项目目标更多地被实施过程中的各种问题约束。项目目标通常描述了知识、技能、态度、信念、社会支持或环境条件等方面的改变。这些目标通过问题理论中确定的中介变量间接地聚焦在远端结果上。如果中介变量在问题理论中被准确确定,如果项目活动确实能改变中介变量,如果项目被完全地付诸实施,那么远端结果就应该能够观察到。这是逻辑,但这里有太多的"如果",也就是说,要想观察到远端结果,就需要满足很多的前提条件。如果问题理论是错误的,或者改变策略不够强有力,或者项目实施情况很糟糕,再或者发生了一些意外的事件,那么远端结果就可能观察不到。

显然,确定潜在的项目活动也很重要。在逻辑模型中,项目目标仅仅聚焦在那些可以改变中介变量的活动上。项目活动包括对活动的假设,这些假设基于过去已经做过的事情或已经产生的改变的了解。要想能够了解这些信息,就必须进行文献回顾与研究。但是,虽然文献通常能暗示潜在有效的项目活动,但文献研究不是唯一的信息来源。通常情况下,文献必须用实践中得来的知识作为补充,这些知识涉及社区、机构、人群和问题。总的来说,项目目标和活动应该要详细说明所要完成的工作的性质和数量。

任何水平的干预的逻辑基础通常都可以从项目活动中提取出来,即使这些干预的基本理论没有被明确地写下来。例如,2001年的《不让一个孩子掉队法案》(*No Child Left Behind Act*)可以被看作是一个政策层级的干预,这个法案的基本逻辑是提高美国公共教育系统的学业成绩。该法案主要针对的是三年级到八年级学生,把学业成绩作为远端结果。该法案创造了课程标准来引导教授的内容,并将之与学业成绩测试相联系。该法案认为,学校和老师对于学生的学业成绩测试分数负有责任,而且——为了保证教师能够教授要求的内容——该法案制定了老师培训和相关资格的最低标准(Porter and Polikoff,2007)。大致来讲,该法案代表了一种以标准为基础的改革策略(Gamoran,2007)。作为这个政策之基础的逻辑模型很简单:(1)改变课程标准来告诉教师应该教授的内容;(2)测验孩子是否掌握课程标准所要求的内容;(3)让学校和老师对与新内容相关的测试成绩负起责任来。

逻辑模型的优势在于规划和测量。从规划的角度来说,确定一项干预的逻辑需要描述项目投入,比如雇用员工和提供员工培训所需的资源。详细说明一个逻辑模型能明确地展示出如何有效利用资源以实现一些长期的目标。清楚展现这一理论基础,可以帮助我们更明确地了解项目内容和项目结果之间的联系。从评估角度来看,清楚地阐释干预逻辑,还可以指导我们选择哪种测量方法来评估干预的成效。例如在《不让一个孩子掉队法案》中,逻辑模型就显示出需要用一种测量方法来描述课程标准在多大程度上得以实施了,考试成绩与标准相关程度,以及学校和老师对学生的考试成绩负有多大程度的责任。不管你是否认同这种以标准为中心的改变理论,这个法案的逻辑模型都提供了一种手段来衡量法案的成败。

变化理论

变化理论往往与问题理论和逻辑模型紧密相关。作为一种细化的逻辑模型,变化理论描述了一系列旨在产生积极干预结果的活动的因果关系链。变化理论指出了学习模式或产生改变的方法。从某种干预发展的开始到结束,变化理论通常描述了选择某些特定干预方法的原因。它提供了项目活动的依据,并解释了干预的执行者(谁)、干预会采用的活动(什么)、干预发生的地点(哪里)。简而言之,变化理论描述了获得预定结果的路径。当项目成功时,变化理论能解释它为什么成功。

变化理论通常从某个问题开始,也就是说,与问题相关的预期结果必须被明确下来。一个好的问题理论,就像一幅地图,描述各种会导致社会和健康问题的条件,即可能会遇到的风险因素和保护性因素。因此,发展一种变化理论要开始于确立一个聚焦于某个问题的长远目标。然后,从问题理论确定可塑性中介结果(变量)和远端结果。这些结果必须是可测量的,而且各个基准点通常被描述为达到成功的阈值。比如,在格肖夫等人(Gershoff, Aber, Raver, and Lennon, 2007)的模型里,假设父母帮助孩子做家庭作业的时间是家长投入的一个重要方面,那么我们可以选择"父母帮助孩子做家庭作业的时间"作为一个中间结果。基于以往的相关研究或经验,我们得知,如果父母能每周花 5 个小时或更多时间在帮助孩子的家庭作业上,那么一项旨在提高低收入社区孩子学业成绩的项目将很可能会成功。变化理论在某种程度上因为明确的测量标识以

第三章
步骤一：明确具体问题并开发一种项目理论

及对干预成功之基准的选择等特征而区别于逻辑模型。

虽然变化理论可以通过多种方式来描述，但它们通常都包括从问题理论发展到一个完整改变过程的元素。正如图3-3所示，一个相对简单的呈现变化理论的方法是明确指出谁（who）是改变执行者和目标受众群体，干预活动的内容本质是什么（what），以及为什么（why）会产生这些远端结果和近端结果。这个过程包含了五个核心要素：

1. 具体阐述干预内容，包括项目要素的选择、干预执行者的选定、干预执行者的培训，以及参与者筛选和招募草案的拟定；

2. 干预实施、包括对干预执行者的持续督导和鼓励参与者持续参与的策略；

3. 项目参与者对干预的反馈，包括参与者在干预相关活动中的参与度；

4. 对近端结果的影响；

5. 对远端结果的影响。

在图3-3中，我们将施耐德等人（Snyder et al.，2006）开发的变化理论模型应用在"作出选择"这一项目上。这一变化理论的目标是体现在实施"作出选择"项目的过程中，临床技能和训练的重要性。这个目标并没有减少开发一个完整细致干预的重要性（详细过程将在下一章中描述）。不过，在变化理论中，我们希望强调干预实施对于项目结果的重要作用，包括工作人员的培训和临床督导。简而言之，我们想要证明，一项干预效果的出现不仅与具体的干预活动有关，而且与干预执行者和参与者之间自

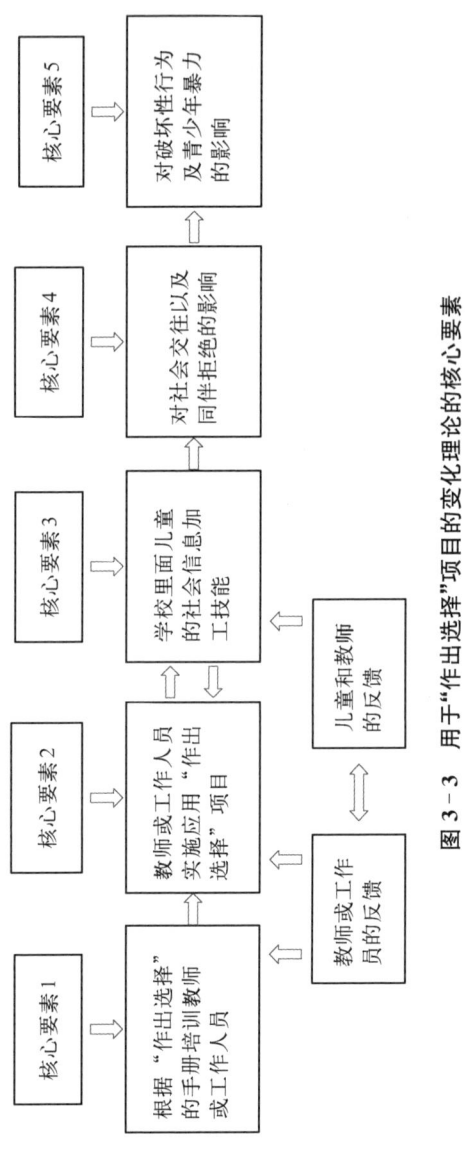

图 3－3 用于"作出选择"项目的变化理论的核心要素

然的动态交互作用密切相关。

　　变化理论总是伴随着各种各样的说明与解释。不论是基金申报书还是项目报告,改变模型都必须用解释文本来补充。图3-3就是一个很好的例子。该图描述了"作出选择"项目中变化理论的核心要素。该图从核心要素1开始显示,实施"作出选择"项目的第一个任务就是让学校层面的改变执行者(如教师、学校咨询者、学校心理教师、学校社会工作者)获得相应的技能。我们主张,这些技能的获得需要经过正式的训练,同时还要辅以持续的督导和支持。核心要素2聚焦在"作出选择"项目的应用上。这要求干预执行者按要求的那样实施项目。为了促进项目的实施,我们安排了每周一次的短暂会议,同实践工作者一起回顾课程的内容;我们帮助调整课程内容来满足学生的需要,我们还对调整活动内容来适应文化差异方面给出建议,此外,我们还提供具体的帮助来发展项目材料。比如,提供游戏板或者手指木偶,等等。此外,核心要素2中还描述了一些辅助活动,以保证能够完整切实地实施干预。对于"作出选择"项目而言,这些活动包括:对于有行为问题学生的转介程序,接受行为专家的辅导,在课堂行为管理方面的社会动力培训,等等。

　　正如图3-3的双向箭头所示,学生与干预执行者之间的动态互动被假设为可以产生干预的介入和技能的获得。社会信息加工技能的获得表现在核心要素3以及核心要素2与核心要素3之间相互的因果关系箭头中。在显示相互的因果关系时,我们含蓄地提出,项目效果不仅从项目活动,而且从那种难以言说的干预执行者与孩子之间的互动交流中产生。也就是说,项目效果不是通过机械教条地实施手册化活动产生,而是通过从项目活动中产生的学习机会,以及熟练的干预执行者与孩子之间的互动交流而产生。

正如核心要素 4 所示,在近端结果上产生的效果取决于社会信息加工技能的获得。在这个变化理论中,社会参与被假定为与技能的获得有正相关,而同伴的拒绝则被假定为与技能的获得有负相关。在这个逻辑模型中,核心要素 5 显示出在远端结果上有预想的效果。

变化理论通过致力于解决开发和实施干预过程中的实际问题来不断丰富逻辑模型。在我们的案例中,我们希望可以表明,"作出选择"这个得到有力支持的干预取决于与孩子之间建立和维系学习关系的专业技能。与逻辑模型相似,变化理论也运用问题理论的结构,这些对于详细确定干预目标(中介变量)和结果来说十分有用。总的来说,问题理论、逻辑模型以及变化理论提供了设计干预项目的概念工具。这几个概念也一并被用来详细阐明一个项目理论。

结论

项目理论解释了干预为何以及如何产生效用。它描述了一种干预的因果论证,可以通过逻辑模型和变化理论来表达。问题理论用来确定中介变量、远端结果和近端结果,然后必须采用变化理论。变化理论描述了中介变量是怎样被改变的。你的变化理论是什么?是不是与《不让一个孩子掉队法案》一样是一个以标准为基础的方法模型?还是使用了其他不同的方法?"作出选择"项目依赖于认知行为模型,在这个模型中,提供给儿童机会去学习问题理论所建议的可能与儿童发展结果相关的一些新技能。不过,"作出选择"这个项目也融入了依恋理论(例如,有效的干预执行者与项目参与者之间建立了依恋关系)和团队协作(例如,有效的干预行为者能对较大的团体,如整个班级掌控自如)的一些关键观念。

一项干预的设计通常基于问题理论和项目理论这两个整合的概念。问题理论阐释与某个具体问题相关的假定的风险因素与保护性因素。它可以确定那些可能产生问题或使问题一直存在的过程。项目理论则清楚地解释了某项干预的逻辑。从个人层面到政策层面,项目理论都可以确定与问题相关的过程,这些过程在干预中可能是可塑的。这些过程包括在面临危险的时候加强能力并提供保护而干扰风险机制的过程。项目理论则可以在个人、家庭、团队、组织、社区和政策层面,具体说明知识、技能、支持、机会、行政管理、法律和其他策略是如何整合在一起,以改变那些导致某个问题产生的条件。通过将逻辑模型和变化理论用作规划的工具,干预的基本要素出现在项目理论中。项目理论是发展干预手册和草案的基础,这也是下一章将要介绍的内容。

扩展阅读

Snyder, James, John Reid, Mike Stoolmiller, George Howe, Hendricks Brown, Getachew Dagne, and Wendi Cross (2006). The role of behavior observation in measurement systems for randomized prevention trials. *Prevention Science*, 7 (1), 43 - 56.

第四章

步骤二：创建并修订项目材料

开发包括干预手册、实践草案和其他资源在内的项目书面材料，是干预研究的典型特点。干预手册通过列明项目实施的具体细节来指导干预。正因如此，干预手册往往是规定性的，而且是由一个部分一个部分(session-by-session)的内容组成。

从干预研究第一个步骤开发出项目理论开始，干预手册会清晰阐明实施策略，以改变可塑性中介变量，即那些似乎能解释或构成因干预变化而产生的结果的因素。此外，干预手册还考虑到可能出现的现实影响，这些影响可能会制约干预的实际实施。这些影响包括可能会影响干预执行者、干预执行者培训及项目实施的一些组织文化和气氛、相关政策、实践指导、机构协议、社区条件和文化因素。

通常，干预手册会指明项目目标和活动。在一些项目中（例如第一章中描述的凯西家庭项目），对于活动的选择要以需求或风险评估为导向，它保障干预内容与项目参与者相匹配。在其他一些项目中，仅实施单一的干预。在干预手册中，活动和其他项目内容被细化为部分或单元,这些部分或单元可能包括预设的讨论、示范、学习训练或者角色扮演。每部分材料通常包含图文并茂的讲义,这些讲义在应用练习或者作业布置时使用。一些干预手册包含过程提示,例如在基于小组的干预中对人际冲突处理方式的建议。此外,干预手册通常还包含在不同环境中提供服务的内容(例如,学校、课后项目、社区中心、医院或者社区诊所),包括指导在不同环境中使用这些内容的规则。

  干预研究的第二步全部与创建和修订像干预手册这样的项目材料有关。虽然干预手册在干预研究过程的第三步、第四步和第五步中被完善,但干预手册开发的大部分工作是在第二步完成的。在本章中,我们将描述干预手册的开发过程,并讨论在实践中使用书面材料时涉及的问题。虽然我们将干预手册的开发过程描述为一系列活动,但干预手册开发是一个反复的递进式过程。干预手册开发并不是在一个稳定的进程中前进并最终成为产品的。它经常包含重新概念化和改写。有时候,干预手册的最终稿与初稿差异非常大。

实践手册中的差异

  通常情况下,干预手册的特点就是勾勒出一个项目的理论和实践的内容;不过,干预手册之间内容和长度有显著差异。一些干预手册聚焦于与特定模型实践有关的原则或信念。这类原则导向的干预倾向于将干预活动的内容和过程留给实践者。一些干预手册仅仅是建议活动的汇编,只在必要时提供资源列表。这些干预手册缺乏清晰视角和焦点问题。我们认为,好的干预手册的主要特点是,详细描述了核心实践活动和既定课程(我们注意到第五章有些例外,第五章是原则导向的手册,如多系统治疗,同时配合广泛的培训和督导)。缺乏这种详细说明的书面材料最好被列为指南或者资源,而不是项目手册。资源指南不会明确界定一个项目,因此它留给我们不得不面对的"黑箱"难题。

可以肯定的是,即使是详细的干预手册也在规范程度上有所不同。它们对以下方面的关注存在不同:实施的灵活性(例如,实践者被鼓励调整内容的程度);项目理论的规范(例如,被分配用来探讨中介变量、逻辑模型和变化理论的文本有多少);技术的描述(例如,介绍实践者可用的示例对话);以及实施准则的补充(例如,对提高出勤率的建议策略,排除非配合性来访者的规则)。此外,不同干预手册对文献回顾重要性的认识也不同。一些手册快速跳转到实践的目标和活动上,而另一些却含有丰富的理论和概念的内容。

干预手册的要素

不论是研究者还是实践者,都在广泛而又非准确地使用"手册"这个术语。手册有时可以与其他更准确地用来描述实践工具的术语互换。举例来说,"课程"这一术语经常被用来指这样一类手册:在这些手册中,实践活动从本质上说是心理教育活动,而且包括教学过程。一本手册可以被描述为一系列的实践草案（特定实践领域的标准化程序指南），它列举了达到一定目标的步骤（无论是普遍性的目标还是特定的目标）。此外，干预手册有时被描述为实践准则。不过，我们理解**实践指南**（practice guidelines）是基于研究证据和实践者共识的更一般的决策工具。实践指南有助于选择适合目标人群和目标结果的干预（Howard and Jenson, 1999; Proctor and Rosen, 2003）。在循证实践和干预研究的文献中，仍没有一个被广泛接受的对"手册"这个术语的界定。因此，基于本书的研究目标，我们将手册界定为"描述了一个问题、项目理论、实践目标和项目内容的实践指南"。

手册化干预的历史

干预手册最初是为解决黑箱问题而开发出的一种研究工具，它们逐步渗透到实践中，尤其是认知行为实践中（Addis, 1997）。根植于行为疗法和认知疗法研究，基于干预手册的实践趋势在20世纪60年代晚期出现（Luborksy and DeRubeis, 1984）。手册的早期支持者沃尔普（Wolpe, 1969）开发出了最早的手册化干预（manualized interventions），并作为他治疗焦虑障碍工作的一部分。

从某种程度上说，偏好手册的趋势，是对20世纪50年代和60年代出现的有关心理社会干预无效性的一些带争议性研究结果的一种回应，例如"坎布里奇市和萨默维尔市青年研究"项目的无效性。到了20世纪70年代末，调查研究已开始表明，干预往往比没有干预好(Luborsky, Singer, and Luborsky, 1975)，但干预的过程和结果很难被测量。大多数情况下，干预只含糊地被用以下术语描述：社会福利工作、家庭治疗或结构式家庭治疗。这种有关临床技术特性的缺乏使研究者和实践者倍感挫折。当研究结果是积极的，而且研究者有兴趣在社区机构中使用该项目时，详细信息的缺乏尤其令人沮丧。于是，研究人员开始聚焦于更清楚描绘干预策略(Addis, 1997)。

研究者加强了对以下两个方面的研究：详细说明干预的组成部分和论证特定的治疗方法对临床问题的效用(Beck, Rush, Shaw, and Emery, 1979)。手册的开发——实际上是干预研究的开发——受实践研究的关键任务在于描述"为谁做什么工作"(what works for who)这样一个视角推动。另外，其他一些因素也影响到干预手册的开发。尤其是，立法改革迫使第三方承保人(即提供医疗照顾报销的项目或组织)要求实践者提供干预的强有力证据。通过将保险费投到对"最佳实践"的复制实施中，这些改革加快了手册的使用。

尽管这些因素推动了手册的开发，但手册在实践中越来越多的运用已经成为很多讨论和争议的主题。那些赞成以手册为基础的干预的人员列举了一些优势，如手册能帮助迁移已有的知识(Galinsky, Terzian, and Fraser, 2006)。支持者认为，手册使复制循证服务更容易，提高了服务质量，而且他们将手册比喻为传播最佳实践的关键载体(Chambless and Hollon, 1998)。从

第四章
步骤二：创建并修订项目材料

这个角度来看，手册还有助于临床培训和督导，它促使具有不同教育背景的实践者在提供服务上有更多的一致性（Dobson and Hamilton, 2002）。另外，因为手册使干预过程更为清晰，因此它还强化了关于服务结果的推论（Wilson, 1996）。此外，手册强化了可说明性，因为它使得对实践中的干预与书面项目材料的一致性程度进行监测成为可能（Luborsky and DeRubeis, 1984）。

相反，对手册化干预的批评也比比皆是。总体来说，对以手册为基础的干预的反对源于以下担忧：实践的复杂性，一直需要基于临床调整的需求对其作出反应，认为手册会削弱实践经验。具体来说，一些批评者认为，手册试图将本质上是一种艺术的程序降低到预先规定的程序上（Addis, Wade, and Hatgis, 1999）。在认知行为领域之外，实践者对手册冷淡对待（Addis and Krasnow, 2000; Kendall, 1998）。那些反对使用手册的人认为，日常生活情况的多维度、组织流程和社会影响所产生的复杂性，会阻碍手册化的干预（Fronagy, 1999）。确实，人们通常认为，实践者面临的问题比那些测试手册干预的研究者面临的问题更具挑战性（Abrahamson, 1999; Foxhall, 2000）。例如，实践者必须应付所有来访者，而研究者通常要建立抽样标准，来筛选出具有挑战性的案例，诸如那些有高发病率的、先前未接受干预的以及那些社会或环境支持受损的案例（Chorpita, 2002; Luborsky, 1999）。批评者也注意到，手册可能会导致"菜谱方式"，这种方式会产生一种机械的、目光短浅的干预，它贬低了实践的智慧，妨碍了治疗上回应来访者需求的动态干预的运用（Gargield，1996；Wilson，1996）。另外，手册的反对者声称，手册化干预的使用不仅费时，而且需要有广泛的培训和持续的督导（Najavits, Weiss, Shaw, and Dierberger，2000）。

作为对这些批评的回应，干预手册的支持者也承认，对一个有多种问题的来访者使用手册化的方式是一个挑战，但这些挑战可以被大多数干预解决，并非不可克服（Carroll and Nuro，2002）。经过充分测试和精心设计的干预手册通常为各种干预活动、辅助干预的使用以及根据来访者（案主）需求进行的调整提供指南（如，DePanfilis and Dubowitz，2005）。此外，干预手册支持者反驳说，如果使用干预手册耗时或需要额外的培训，那么这也是提高实践成果的成本的一部分。支持者通过指出大多数干预手册的开发、测试和完善是干预研究过程的一部分，来支持这一观点。因此，在研究中产生了积极影响的手册化干预理应花费一些时间来掌握，因为它们通常为不同方式的实践提供模板。改变的实践，几乎总是包含新技能的学习，如果它提高了成果，那么时间的投入就是值得的。

在我们看来，这场辩论的关键在于对干预研究的重视，其中包括系统开发和评估项目材料。这种系统开发的一部分包括根据在干预手册开发四个阶段收集到的数据作出的更改，这些阶段嵌入在干预研究的步骤中。如下所述，干预手册开发的每个阶段服务于不同的开发目的，从最初的创建项目材料到材料在不同环境中的调整。从干预研究的开始到结束,干预手册都在反馈和严格审查的基础上作出修改——首先是在制定过程中,然后在试点测试过程中,接下来是在有效性和影响性检验下的细化,最后是为适应其他文化而作的转化和改编(例如,当手册被推广到新的人群时)。嵌入干预研究中的是一个设计过程,这个过程包括对干预手册的不断微调,以提高干预手册对实践和环境紧急情况的适应性。

也就是说,只有当干预手册被系统开发,我们才可以有信心说以干预手册为基础的干预促进了实践。不是所有干预手册都以研究为基础。我们的观点是,不管任何时候,只要有可能,干预手册的开发都必须与研究结合起来,并整合成一个过程,该过程包括根据数据确认和完善项目的组成部分。只有通过这种方式开发的干预手册才会产生实践创新,从而有可能改善结果。

开发项目手册和材料的阶段

干预研究的特点是生成过程(generative processes)和**评估过程**(evaluative processes)的交互作用,其中生成过程用于创造项目材料,而评估过程则用于评估项目材料的影响。就像前面提到的,解释性和创造性的过程融入将项目理论转化为项目目标和内容的过程中。这些过程通常具有独创性,它们产生干预设计,这些设计包括:实践活动、用于筛选和招募的材料以及培训协议。相对而言,评估过程则植根于重要的科学传统,提供在何种程度上项目达到了预期的结果的信息。在干预研究中,项目的制定和项目的评估是交织在一起的。两者交互作用而产生一个维度已知、结果可预测的项目。

虽然我们可以找到许多关于项目评估的概念（Rossi et al.，2003），但很少有概念包括干预本身的开发和完善。将项目开发列入其中是干预研究的主要特点。图 4-1 显示了项目材料开发的四个阶段，横跨干预研究的五个步骤。这四个阶段是：（1）制定；（2）修订；（3）差异化；（4）转化和改编。

干预研究步骤				
第一步：明确具体问题并开发一种项目理论	第二步：创造并修订项目材料	第三步：完善和确认项目成分	第四步：在不同实践背景和环境中评估效果	第五步：传播研究结果和项目材料
	⇐ 第一阶段：制定材料 ⇒			
		⇐ 第二阶段：修订材料 ⇒		
			⇐ 第三阶段：差异化材料 ⇒	
			⇐ 第四阶段：转化和改编材料 ⇒	

图 4-1　干预研究五个步骤中项目材料开发的四个阶段

可以肯定的是，项目材料的开发，可以用各种不同的方式概念化。在第二章，我们提到了卡罗尔和努罗的三阶段模型：（1）开发和测试的初稿；（2）添加内容以指导实施；（3）完善不

第四章
步骤二：创建并修订项目材料

同环境下的内容。根据我们的研究和转化研究的最新进展，我们现在提出四个阶段，这四个阶段可以进一步细致描绘以下活动：从干预研究的初始设计到干预研究扩展应用到新的环境和人群。因为不可能对每一个群体都进行干预测试，因此，我们必须假定，循证干预将被应用于各种文化和环境中，而这些干预并没有在这些文化和环境中测试过。也就是说，干预将被推广到那些与项目创建时相似的人群，但是尽管如此，并没有项目有效性的相关数据可以提供。当项目被推广时，项目的基本特征通常被保存下来。不过同时，项目内容必须被转化和改编，使项目内容与新的人群文化有一致性。就像第六章中描述的，这些转化研究的过程正在获得越来越多的关注。循证实践在一定程度上植根于这样的观念当中：这些转化和改编的过程将使其保持有效干预的特点，但也会根据文化关联改编项目的内容。这是一项艰巨的任务，我们通过提出设计和开发方案材料的四个阶段来应对这一挑战。

四个阶段中的每一阶段都是通过引发一系列新活动的系列活动来界定的。如图4-1所示，每一阶段都整合到干预研究的五个步骤之中。虽然项目制定的大部分过程出现在干预研究的第二步中（即创建并修订项目材料），但项目目标和项目内容源自干预研究开发第一步的项目理论。步骤一和步骤二的双向箭头表明，手册的基础源于确认项目理论中的一些可塑性中介变量。项目材料开发的其他阶段与干预研究的评估过程相联系。

例如,随着时间的推移,在试点研究、有效性实验和更大的效果实验中获得的数据基础上,完善项目材料,然后针对不同的环境和人群加以差异化。在后面的章节中,描述了每个阶段开发项目材料过程的核心方面。这四个阶段完全聚焦于手册和其他项目材料的开发。相比之下,如表2-1所示,干预研究的五个步骤包括项目设计和评估过程。虽然本章的重点在于干预研究的第二步,但它通过突出强调发生在干预研究的所有步骤中的制定、修订、差异化和转化或改编活动,详细阐述了项目材料的开发。

第一阶段:项目手册和材料的制定

干预手册和材料开发的第一阶段使用已完成的资料和研究,来确定问题并开发项目理论(干预研究的第一步)。如表4-1所述,项目手册的制定过程,一步一步发展,从问题说明,到项目原理,到项目理论,再到项目的规格,最终到每一部分内容。

表4-1 第一阶段:项目手册和材料的制定

部分	内容领域	思 考
问题说明	● 随着时间推移的患病率和发病率 ● 对未来的预测 ● 人口特征的患病率 ● 问题的政治和经济代价 ● 问题的社会意义	● 谁遇到了问题?人数是否增长了或者预计会增长?数据有多强大? ● 不同种族/族裔、性别、收入、城乡和其他因素是否导致了比率不同? ● 公众是否认为该问题很重要?

第四章
步骤二：创建并修订项目材料

续　表

部分	内　容　领　域	思　　考
项目原理	● 现有的支持干预计划的方案和政策 ● 服务差距 ● 创新的机会	● 当前的政策和项目关注该问题的什么？ ● 谁有遭遇该问题的风险？为什么？ ● 项目有没有新的或者未知的机会？
项目理论	● 问题的生物心理和理论方面内容 ● 与问题有关的风险因素 ● 减少风险的保护性因素 ● 问题的结构模型 ● 对中介因素的说明 ● 从相关理论或角度来理解这个问题 ● 干预的投入、产出和在逻辑模型中的结果 ● 干预执行者，包括必备的知识、技能或经验	● 哪些个人的和环境的因素引发了该问题？ ● 哪些因素在干预中具有可塑性？ ● 这些因素在实践中如何改变？ ● 谁会提供项目？哪些事件作用于提供者，如机构政策或实践标准？ ● 在当前的社会政治环境和在现实世界的实践中，改变策略是否可行？能有效吗？ ● 什么是有关该项目理论的创新？（例如针对新确定的中介因素、采用新的执行机制）
项目格式	● 干预的格式和格式的理论基础 ◇ 规范性与灵活性定义的内容 ◇ 每部分的频率和持续时间（即干预的时间长度） ● 每部分的结构和内容排序 ● 每部分开始和总结的方式（例如，回顾以往或当前部分内容、回顾家庭作业、分享） ● 部分之间活动的性质	● 干预是面向个人、家庭、团体、组织、社区还是其他层面？为什么？ ● 干预多久提供一次？ ● 每部分将持续多长时间？有多少个部分？ ● 每部分是否有通用的结构？ ● 安排每个部分顺序的理论基础是什么？ ● 内容是完全限定还是部分限定的？什么是必要的？什么要调整或改编？

续 表

部分	内容领域	思 考
项目格式	● 执行干预的指南,例如与实践标准、筹资机制、最佳实践的整合 ● 鼓励参加活动或出席 ● 提供环境支持(例如,提供午餐、儿童照管、交通支持来增加活动的参与度和出席率)	● 是否详细说明了部分与部分之间的活动(如家庭作业、行为图表)?目的是什么? ● 参与的障碍如何解决?
每部分内容	● 每部分的目的和理由——明确与项目理论相联系 ● 每部分的内容和活动 ● 每部分活动的丰富或补充 ● 之前内容的回顾和将来内容和活动的预言	● 每部分目的是什么? ● 目标是否与中介因素有明确联系? ● 就每个部分而言,什么内容和活动是必要的? ● 不论是在每个部分中还是在部分与部分之间,哪些活动补充了干预内容?

项目制定建立在明晰阐述社会或健康问题、干预的理论基础以及项目开发理论的基础之上。后者包括分解这个问题以确定问题的背景、引起问题的因素(即风险因素)、抑制问题的因素(即保护性因素)和可能有助于解释问题的相关理论或观点(DePanfilis and Dubowitz, 2005)。这些元素都在逻辑模型和变化理论中进行了总结。总的来说,它们提供了一个新的干预理论基础。

手册的格式

不过,理解问题并有项目理论还不够。在手册开发的第一

第四章
步骤二：创建并修订项目材料

阶段，研究者还必须为执行干预选择一种格式。这种格式选择包括决定干预内容，按逻辑顺序安排内容，并且整合内容与执行机制，例如由工作者在面对面会议中执行，在自学模块中通过互联网执行，或者由任课教师作为学校课程的综合方面执行。明显与中介因素（即旨在带来变化的因素）相关联的每部分或单元内容，也必须进行开发和排序。对于一些干预，研究者还将开发部分与部分之间（between-session）的内容。这可能包含创建家庭作业、应用练习或互动项目（例如，规定性的家庭出游或讨论）。最后，当创建一种格式或内容时，研究者必须考虑与预期的项目实施场地的兼容性。这个过程包括将内容与实践标准、机构规章、筹资策略以及其他有可能影响执行的情境因素相整合，最终与一项干预的采用相整合。从这个意义上来说，我们早在项目制定过程中就已开始考虑传播（干预研究的第五步）。

让我们以"作出选择"项目为例子。"作出选择"，是一个针对小学生的初级预防干预，它的基础是社会信息加工理论（Fraser et al.，20000）。"作出选择"项目旨在通过增强孩子的社交技能来减少孩子反社会性和攻击行为。正如早先提到的，研究者认为，关键的中介因素是缺乏解决社会问题的能力。社会信息加工理论为社交技能干预的概念化提供了框架。"作出选择"项目运用了社会信息加工模型（Crick and Dodge，1994）的六个步骤作为它的基础，而且通过提供与六个单元相适应的开发性活动，来确立这些步骤，而每一个单元则被设计来指导一个社会信息加工步骤。在这六个"作出选择"项目单元中,项目理论明确与在干预的组织框架和每个单元内的技能习得活动相联系。

手册引言

项目手册的引言应该说明干预的目标、理由或需要,以及所有影响其使用的观点(理论、研究和实践等方面)。这些观点派生于项目理论。干预目标指导手册内容和活动的选择。在实践中运用手册的贴士也可包含在内。

引言中支持性材料的数量因预期干预机构和读者的不同而不同。其中一些,如海姆伯格和贝克(Heimberg and Becker, 2002)的社交恐惧症手册,它的引言相当全面,手册总共14章,引言就占了6章。相反,另外一些手册的引言可能非常简短,仅简短地回顾执行的方法、干预的需要和理解问题的框架。

项目目标

一个对干预过程的详细描述应当紧随引言之后。要做到这一点,必须作出这样的决定,即在干预中,如何追求更大的目标(例如,"作出选择"、掌握社会信息加工技能)。换句话说,如何将项目理论的总体目标转换为可行的目标(例如,学习编码线索),然后用可行的目标来指导内容的开发(例如,建立从环境中辨别线索的技能的活动)。聚焦实践的目标支撑了本手册中创造性内容的生成过程。手册作者必须决定目标达成的顺序,以及这些目标可以如何通过项目活动被操作。

第四章
步骤二：创建并修订项目材料

内容格式

为各部分开发一个统一格式往往非常有用，这包括通过教学或其他手段来呈现内容。部分与部分之间保持相同的格式不仅会减少实施的时间，而且会促进实践者的理解。另外，运用标准化格式可使作者确保，干预的所有关键部分都被包含在每个部分、单元或者课程之中。

格式服务于不同的目的。它们将跨部分或课时的内容组织起来，而且经常通过变化理论（即，项目参与者就是通过这种变化机制来学习内容）而形成。举例来说，变化理论可以详细说明：实践者和项目参与者是如何介入每一部分之中的以及他们的相互作用是通过相对松散的反省性互动还是通过高结构化的教学来实现。更高结构化的干预可能有更复杂的格式来反映项目共有的组成部分，例如每一部分的目标、活动、需要的资源（例如，活动表、视频或其他媒体）、讨论的问题、推荐的阅读材料、丰富的活动、家庭作业和小组互动策略。

让我们回到"作出选择"这个案例来回溯这个过程。要提高儿童社交技能的目标就需要详述基于社会信息加工序列的每一步的项目目标。因此，"作出选择"被分成了六个单元（加上一个情绪导论单元）。每个单元的内容再被细分为三到六个依逻辑排序的部分（我们称之为课程，这些课程反映了我们希望其可以作为干预中介的教师的语言）。每节课程由活动和练习组成，以帮助学生掌握与本单元重点相关的技能。在单元之间和每个单元内，课程都运用统一的格式。每节课程均包括目标、所需材料、对先前内容的回顾以及活动。"作出选择"手册为每个活动提供了简短的指导，包括潜在的课程指导问题。每节课都包含开场和结束的仪式，以及探索本节课目标的内容。另外，每节课还包含对主要思想的总结，并提供潜在的拓展活动。所有工作表或讲义的母本也会提供，这些材料可以很方便地复制给班级成员。

请看附录4-1，我们以"作出选择"手册中的一节课为例（第四单元：目标的形成和完善——设定社会目标）。这是聚焦于设定相关目标的五节课中的第一节。这节课开始于一个问题的讨论，这个问题聚焦于社会目标的观点，即"目标是什么?"通过两个必需的活动探索这个问题的内容。第一个活动是一个课堂小组讨论，以界定目标这个核心概念。在第二个活动中，学生们将"设定一个目标"的概念应用于现实世界的情境中。向学生们发放描述不同场景的"情境卡"，并要求他们确定与每一种情境有关的潜在目标。在干预执行者（可能是老师、学校辅导员或者学校社工）组织的任务汇报讨论中，学生们分享各自的观点。

实施准则或提示

手册通常包含项目实施的提示。通常这些提示是就如何开展活动的比较务实的提示。有些项目手册就如何使参与者完全投入到活动中提出建议，有些项目手册包含关于小组或家庭动态的信息，有些项目手册则致力于获得社区认可或取得中央管理者支持。还有一些手册关注临床问题，例如强化治疗关系。在为"作出选择"创建手册时(Fraser et al., 2000),我们选择在导言和整个课程评论中包含有关实施的提示。这个导言包括小组形成的背景信息,以及在小组开发的不同阶段如何与小组合作的建议。许多"作出选择"课程包括小组过程提示。比如,在第一单元第五课——认知和管理情绪中,有一个提示:提醒干预执行者要征求小组成员对于自言自语的不同看法。

综上所述,在制定阶段,干预开发者对目标、意图和内容要作出基本的决定。选择一种格式。编写各部分的内容,制订实施方向。手册在不同程度上包含以下内容:对活动的完整描述、推荐的或示范性的对话、完善的工作表,以及利于实施的适当的案例摘录或例子。尽管如此,第一阶段的关键活动,简单地说就是把它记录下来。

第二阶段:通过专家评审、试点测试和有效性实验来修订手册

如图 4-1 所示,修订往往继制定之后开始。修订可能基于新出现的研究,例如新的患病率或发生率的信息,或者最新数据(例如一个关于公众对此问题的认知调查)。有些时候,政治环境会改变和创造另外的干预机会。有些时候,研究结果被发表,并预示新的调节机制。不过,通常情况下修订是专家审查手册——包括对个人关于项目理论、实践背景、干预方法和对象的知识审查——以及试点测试(它包括来自项目提供者和参与者的质性信息)的结果。来自专家审查和试点测试的研究结果可能就暗示了需要增加的内容。另外,审查者和试点测试数据可

以识别那些在实践中行不通的内容。通过预期的设置或辅助性的干预,他们可以提供关于干预通用性的信息。如表4-2所总结的,修订通常包括考虑以下问题:第一,各部分之间的编号和顺序是不是最优的;第二,干预执行者处理项目实施过程出现的问题(如漫不经心、抵抗、冲突和以上问题的同时存在等)的最佳方式是什么。基于评估进程(从领域内专家的审查到单组或案例研究,再到对照研究的反馈),在干预研究的第三步修订仍会继续,在第三步中,项目组成部分得到测试和完善,在第四步中,在有效性实验条件下,干预被测试,最后,在第五步中会对其进行传播和扩散。

基于试点测试和专家审查的修订

手册的试点测试确保项目内容对于人群和环境而言是适当的。与专家审查相似,试点测试能够指出内容或形式方面所需要的改变——或者两者都需要改变(Rounsaville, Carroll, and Onken, 2001)。正如上面所表明的,试点测试常常应用**混合方法**(mixed methods,即同时运用定性方法和定量方法收集数据)来研究干预过程,并判断其是否与项目理论一致。研究通常关注差异性或特殊个案(无论是失败的还是成功的),从中可以得出很多关于项目内容的参与性、遵从性和不同反馈信息。

可以确定的是,试点测试这个术语被广泛运用。它包括研究设计,这些研究设计通常没有进行因果解释的能力,而且根据证据的层级(见第一章),它们对效果的解释能力更弱。这些包括个案研究和无控制条件的前测后测实验。试点测试可能包括很多相同的活动,这些活动在干预研究的第三步和第四步被更严格地测试,其中使用各种控制条件。这些早期测试可能包括来自干预执行者和参与者的反馈。总的来说,设计试点测试,目的是描述实践者与参与者之间的互动过程,而且通过仔细的行为观察和测量,在设计和开发过程的早期执行阶段,评估干预的保真度。在项目开发的这个阶段,人们很少关注效果评估。

试点测试是修订的重要方面。举例来说,"作出选择"项目基于试点测试对项目进行了重大修订,在该试点测试中,质性数据表明要更改研究的目标群体。在修订过程中,试点测试和专家审查通常被用来识别那些有必要进行修改的项目内容。专家(包括潜在的项目参与者)可能会源于以下目的对项目进行审查:理论的应用、文化的一致性、环境的相关性以及适用性。审查还可能关注项目活动与其他干预的兼容性,例如,在实践中使用的个别辅导或者家庭会议。

基于有效性实验的修订

修订有时基于有效性实验(efficacy trial)(这些有效性实验会将项目与日常服务进行对比),或者偶尔也会基于将项目组成部分进行对比的实验。在下一章我们会讨论,有效性实验可以根据研究设计的不同而区分开来,在这些研究设计中,可以用随机分组(或等效程序)的方式将参加者分配到实验组或对照组。有效性实验的目的是,在具有高临床控制的最优条件下,来评估项目的效果——这意味着,程序开发人员经常要督导干预的实施过程以及收集进程(例如,项目实施情况的数据)和结果的信息。正如第二章指出的,有效性实验的价值在于它们可以对项目的结果进行推论。它们被视为产生了强有力的效果的证据。如表4-2所示,过程和结果数据常用来解决有关干预效果的问题:项目是否有效?效果怎样?确定的中介变量是否与结果相关?基于中介变量的变化,能否确定基本的项目成分?项目的一些组成部分是否应进行修改、添加或删减?

表4-2 第二阶段:修订项目手册及相关材料

部分	内容领域	思考
问题说明	• 新的流行度、发病率或预测数据 • 与问题有关的新的成本信息 • 问题社会意义方面的新数据	• 问题的流行度或发病率改变了吗? • 是否获得高危人群方面的新数据? • 问题的重要性或成本改变了吗? • 有关该问题的公众舆论改变了吗?
项目原理	• 对资源或需要分配产生影响的新项目或政策 • 创新的新机遇	• 是否出现该项目的新原理? • 高危人群或需要是否改变了?为什么? • 是否有新的机会以提供一个项目(例如,一项新的法律或行政政策)?

续 表

部分	内容领域	思 考
项目理论	• 来自文献的有关风险因素、保护性因素或其他因素（包括可能造成风险的环境因素）的新发现 • 通过研究获得的新的可塑性中介变量 • 通过专家评审、试点测试、有效性实验完善和确认项目成分 ◇ 项目的参与者是否被正确地锁定和成功招募？ ◇ 干预执行者是否能够如期提供项目？ ◇ 项目参与者是否参加了？谁没参加？什么时候？为什么？ ◇ 如果参加了，项目的参与者是否如预期参与干预活动？参与率是否随干预的开展有所变化？ ◇ 该项目对结果产生了什么样的影响？ ◇ 确定的中介因素是否因干预而发生了变化？ ◇ 在中介变量分析中，必要的项目特征能否被确定？ ◇ 是否存在一个项目内容或成分的最佳组合？	• 项目的组成部分是否应进行修改、添加或删减？ • 是否有新的证据来保证修改问题的结构，包括规范可塑性中介变量？ • 干预执行者是否能够如期实施项目？是否需要额外的培训或督导？ • 哪些因素影响创新的组织准备？ • 高危人群中的参与者是否参与到项目中来？他们是否感兴趣？ • 根据对中途退出者数据的分析，可使用什么样的策略来改善招募和挽留参与者？ • 项目的影响如何？它的效应大小如何？ • 基础内容与可选内容之间是否应该调整或改编？

续　表

部分	内容领域	思　考
项目格式	• 剂量和强度 • 与参与者相关的实施问题：注意力不集中，阻抗，群体冲突，参与的程度很低或以上多种问题共存 • 组织和背景方面的实施问题，其中包括对服务进行革新或实验的准备度，例如来自中央行政、工会和其他利益相关者的支持与实践标准、指导方针和资金机制的兼容性 • 与其他项目和服务的兼容性	• 部分的数量和顺序是否是最佳的？ • 参与者相关的共同性问题能否被确定？干预执行者应如何处理注意力不集中，阻抗、冲突或多种问题同时出现以及其他实施中的问题？ • 哪些组织因素或背景因素会限制项目实施？ • 项目与辅助干预，如与社会支持、个案管理或药物治疗是兼容的吗？
每单元内容	• 基于试点测试和有效性实验的结果，增加或修订各主题的内容（例如，是否发现了新的调节变量和中介变量？） • 基于试点测试和有效性实验对干预执行者的选择、培训和督导进行修订	• 内容是否差异性地起到作用？是否一些内容应被修改或删除？是否应开发新的内容？ • 有没有预期干预发生偏差的证据？如果有，可能需要什么样的培训或督导？

在考虑有效性实验之前，一本手册应该已经相当完整了。它应包括对问题的详细说明、项目原理、项目理论、每一单元的内容。由试点测试结果可知，手册还应当包括实施准则以及对项目逻辑要求的讨论。这些指明了干预实施的背景，也就是项目开发的主要实践环境。此外，他们还描述了干预执行者的培训和督导、在提供该项目时遇到的共同问题，以及影响服务提供的政策（如医疗补

助制度下的补偿性服务的实践指南和明细表)。

在修订过程中,干预仅仅是在主要领域进行测试,然后随着研究通过完善和确认项目因素来评估效果从而获得进展时,干预可能会扩大到相关领域。举例来说,一项儿童干预的内容可能(最初是)为社区诊所而开发,而后来却扩大到用于学校健康检查项目。在项目材料开发的修订(第二阶段)和差异化(第三阶段)过程中,项目的开发人员要考虑各种背景的制约、挑战和突发事件。他们将重点放在全面了解主要环境中的背景因素上。考虑到中介的规则和组织性特点,干预是否有效?它是否与现行的实践标准和补偿模式一致?活动是否与同环境相关的其他服务或操作规程发生冲突?手册是否需要改变,以更好地满足对不同社会经济地位、地域、种族背景的目标人群的干预?因此,第二阶段的修订既聚焦于了解主要的实践背景,又关注如何提高干预活动对突发事件(它会对实践者和组织产生影响)的适应性。

第三阶段:在实践环境中的差异化

手册开发第三阶段的活动聚焦于以下方面:为效果研究(effectiveness study)准备项目材料,同时基于有效性实验和效果实验的结果修订项目材料。如表4-3所示,**差异化**(differentiation)的中心主题是为目标环境中的不同人群准备项目内容。如果实验结果是积极的,这就表明项目材料一般可以有效减少和阻止社会问题,或对某个社会问题能产生有益作用。虽然手册可能已被用于多个人群,在差异化过程中的设计和开发活动聚焦于改变内容,以提高效应大小(即效益最大化)。

表4-3 第三阶段:项目手册和相关材料的差异化

部分	内容领域	思考
问题说明	● 不同环境、地域或群体中流行度、发生率的不同	● 这个问题是否因文化、性别、移民身份、收入(贫困)、语言、种族/民族、宗教、农村/城市、性取向或者其他因素的不同而不同?
项目原理	● 风险组的项目差异化 ● 机构或环境的项目差异化	● 有没有理由针对不同风险人群、不同的执行者或环境修改项目?
项目理论	● 从试点测试、批判性审查、效果研究和有效性研究得出的表明区别项目内容与试点测试之必要的理论和研究,因机构、环境、场地或人群而需要作出更大变化的证据(即,调节变量和起调节作用的中介变量) — 结果是否由社会或人口条件调节? — 结果是否由环境、场地、机构赞助或其他场地相关的特征或者条件(例如,补偿政策)等调节? — 结果有哪些?是否有证据表明为什么或如何观察到这些不同的结果? — 根据社会、人口或组织条件,包括场地相关特征或条件来看,参与是否各不相同?	● 问题结构(包括风险机制)在暴露于不同风险的小组间是否有所不同?是否有调节的证据且调节变量对不同参与者是否有不同影响(即调节的中介变量)? ● 差异化是否足以保证特定调节的项目设计(例如,一项特定于性别的干预)? ● 在不同的环境或场地中,或者针对不同人群,是否需要辅助干预来支持该项目(例如,提供运输或粮食援助)?

第四章 步骤二：创建并修订项目材料

续 表

部分	内容领域	思 考
项目理论	● 考虑组织和情境突发事件的影响，包括补偿模式、最佳实践标准、工会、消费者团体以及其他利益相关者和专业指南	● 场地或环境（或者其他与场地有关的特征）是否会造成不同？例如，在不同的机构、组织、环境中，项目的操作是否不同？为什么？例如，行政的突发事件、补偿模式或加入工会是否因环境或机构而不同？这些是否会因为干预中介或中央行政干预的支持而影响项目的执行？ ● 项目是否应为不同的机构、场地或环境而作出修订？
项目格式	● 由环境、场地或人群决定的剂量（dosage）和强度 ● 跨机构、环境和场地的保真度 ● 来自不同背景的干预执行者 ● 行政支持	● 部分的数量和顺序对于所有机构、环境和场地而言是否都是最佳的？ ● 来自不同背景的各种干预执行者应如何进行培训和督导，以提供高保真度？ ● 需要什么样的战略，才能确保获得中央管理员的支持？
单元内容	● 调节变量的项目内容差异化 ● 背景关联的项目内容差异化	● 项目内容差异化有效吗？内容是否应该根据不同的环境、场地或人群进行修订或删除？ ● 是否应开发新的内容（例如，促进文化的一致性或性别相关性的内容）？

为了加强项目内容与环境的一致性，在差异化中开发了各种

不同的实践活动。差异化后,手册可能包含以下方面:一是内容的选择,这个内容可依据不同的人群来选择使用(例如,文化或种族血统);二是实践场地(例如,农村或城市机构赞助);三是干预中介(例如,社会工作者、教师或社区成员)。在完成试点测试及效果实验工作的基础上,基于文化、语言、干预执行者以及其他可能影响预期环境中的结果的因素的考量,一个完整开发的手册在差异化中变得细致入微。

差异化往往基于数据分析,以识别在有效性实验和效果实验中观察到的结果之间的变化。这些分析试图确定项目参与者的子群,这些参与者经历了或积极或消极的明显不同的结果。从统计学的意义上来说,分析的目的是识别调节变量,进行调节分析以测试**受调节的中介机制**(moderated mediation)。通过以上内容,我们想表达的是:分析试图确定在项目理论中详细说明的中介变量是否在干预设定的主要环境下,对此范围内的不同人群产生相同的作用。例如,我们可能会进行测试,以"作出选择"项目对拉丁裔和非洲裔孩子产生的结果是否不同?如果真的不同,我们将会进一步分析,以确定项目理论确定的社会信息加工的中介变量,是否以相同的方式作用于拉美裔和非裔美国人。然后,基于这些分析得到的结果,我们将改编手册中包含的内容。

基于质性的数据来进行项目差异化也是可能的。例如,通过深入访谈或参与观察,研究人员可能会发现结果的变化,并描述出不同的调节过程。差异化的关键思想是,一个有前景的

第四章
步骤二：创建并修订项目材料

项目——基于在实践环境中系统收集的质性的或量性的数据——被扩大了。严格收集的质性数据,在那些小到无法进行有效统计分析的子样本中,对检测受调节的中介机制可能特别有效。

如果中介机制受到调节了会发生什么？也就是说,如果项目理论中提出的中介机制被来自不同种族或民族背景的参与者在不同风险水平或者不同环境中进行不同的操作,会发生什么？如果发现受调节的干预机制,项目理论就不能被推广。这是一个严重的问题。幸运的是,文献在项目设计中通常是一个很好的指导。周密的方案制定,包括详述基于高危人群足够采样之研究的项目理论,将最大限度地减少这一问题。但设想一下,尽管你细心地以可获得的最佳信息为基础建立你的项目,你仍然发现存在受调节的中介变量。

这个问题的答案并不简单。如果调节的作用比较大且中介变量明显不同,那么项目可能不得不完全差异化,也就是说,为每个人群分别开发。举例来说,如果"作出选择"的结果是因性别调节而产生的,而且被发现的中介变量非常不同,那么就需要分别确立一个针对男孩的项目和一个与之区别的针对女孩的项目。如果是受调节的中介变量,那么这些项目将针对不同的调节机制,根据不同的项目理论进行操作。不过,如果发现了受调节的中介变量,项目内容更有可能被改变。活动会被开发且整合到干预中,这样基于受调节的中介变量的不同就会在干预过程中被解决。

通常当一个项目被扩展应用到一个全新的环境或人群,差异化就会超过以往研究的知识范围。换句话说,对于已有的数据中未能呈现出来的人群或环境,项目内容要进行修改和开发。在这个项目差异化的水平上,活动可能涉及将手册翻译成不同的语言并调整项目活动以适应不同文化。转化和改编构成了项目材料设计和开发的第四个阶段。它们是项目研究结果和材料传播的关键活动,而传播正是干预研究的第五步,也是最后一步。如图4-1所示,我们认为转化和改编不仅与差异化,而且与有效性和效果实验相重叠。在下一部分,我们将转化和改编的过程描述为传播循证项目的关键因素。

第四阶段:转化和改编

在一项干预被证明是有效的以后,我们会倾向于认为它将会被实践者及其工作机构采纳。但是,这是一个站不住脚的假设。研究表明,许多循证项目都没有渗透到实践中,而事实上,它们待在了开发它们的研究者的书架上,慢慢失去了活力(Fixsen et al., 2005;Ringwalt et al., 2002)。有人可能会问:怎么会这样呢?

答案是多方面的。实践者及其工作机构对项目的理解受突发事件的影响,而这些突发事件在某种程度上独立于研究证据的基础。突发事件主要包括在具体说明某些种类服务的偿还率时没有提供一种机制来资助新开发的项目。它们包括机构的政策、非正式实践以及阻碍创新和实验的组织文化。有时候,政策在强调一

第四章
步骤二：创建并修订项目材料

组研究结果时也会以牺牲其他结果为代价。例如，在美国的公立学校中，2001年《不让一个孩子掉队法案》强调的测试，在数学和阅读的课堂教学中投入了非常多的额外费用，以至于许多老师都非常不愿意利用课堂时间来进行教育创新预防项目（诸如社会性发展和品格发展教育）(Greenberg, 2004)。

答案也植根于干预研究的性质以及有效性实验和效果实验所需项目材料的种类。研究项目的材料往往比商业项目材料少。以牺牲制图、布局、可读性和视觉感染力为代价，研究干预手册通常仅由密集的文本组成。分发的讲义可能并不完善，他们需要更多的准备时间，而不仅仅是实践者判断它是合理的或者有效用的。同样，插图往往也更原始或者不能体现商业产品中所需的文化的多样性。另外，研究人员通常无法在他们开发的干预中提供广泛的培训。研究人员通常在大学里或研究机构工作，这些地方缺乏商业化的培训创新。因此，新开发的项目通常不具有现成的、用户友好的特征，而开发项目的研究者通常缺乏管理层的支持来提供广泛基础上的培训。因此，在干预研究过程结束时，一套新的具有挑战性的活动出现了。这些活动聚焦于为传播来准备项目或其他材料。

期待传播

在设计和开发过程的早期阶段，传播（dissemination）就开始了。而项目材料的转化和改编应始于效果和有效性实验阶段。即使项目正在测试，项目开发人员也必须考虑目标问题是否在各种环境下（例如，农村以及城市地区或其他国家）都存在，以及项目理论中具体描述的中介机制是否可以被推广。核心考虑因素包括：证据在多大程度上表明该项目理论适用于不同文化、环境和人群？从文化角度看，项目材料是否在不同人群间一致？实施和改编的标准是否明确？项目材料是否提供改编说明？从实用的意义上来说，项目的材料和培训的费用如何？项目是否负担得起？（见表4-4）

表4-4 第四阶段：项目手册和其他材料的翻译和改编

部分	内容领域	思　考
问题说明	● 实施区域的发生率、流行度和趋势	● 问题是否应被更全球化地描述来推断干预可能被应用的所有环境、地区和人群？
项目原理	● 对没有收集到数据的人群的风险机制的概括化 ● 项目的跨文化应用	● 风险机制的使用广度如何？ ● 中介因素能否外推至其他人群和背景？
项目理论	● 问题结构和项目理论的跨文化相关性 ● 有效性实验和效果实验的证据	● 有没有证据表明该项目适用于没有获得相关数据的文化、环境、地域和人群？ ● 是否有证据表明项目理论——危险因素、保护性因素以及中介因素——是因文化、环境、地域和人口不同而不同？ ● 干预是否在用于测量扩散方面有很大的潜力，例如相对优势、可比性、复杂性、可试用性和可观察性（见第六章）？

第四章
步骤二：创建并修订项目材料

续 表

部分	内容领域	思 考
培训	• 为了推广而将项目和培训材料推论 • 项目材料的文化和背景的一致性 • 干预执行者培训或认证的材料 — 筛选和募集材料 — 培训材料 — 实习或监督实习指引 — 资格考试 — 可用的补偿机制、扶持性的公共政策和其他影响推广的情境条件	• 项目的材料是否在一个合理的成本内广泛使用？ • 项目材料是否提供了文化和语境调整上的指导，在该文化和语境中它可能是明智的？ • 有关实施的标准是否明确？标准是否可衡量？实施措施是否可用？ • 培训是不是一应俱全的且适当的？ • 是否需要用户认证过程？ • 补偿模式是否提供了一种机制以支付该项目？
格式	• 包括认证在内的专业开发及培训 • 基于网络访问项目的材料、视频和培训	• 培训或项目认证应如何组织，以扩大范围和促进推广？
修改每一部分内容	• 明确重要活动的规范或干预内容 • 翻译和改编的程序和准则 • 为获得文化一致性而修改的方法内容的建议	• 是否确定了必不可少的、差异化的内容？ • 对翻译或转化和改编内容是否有建议的过程（例如，翻译或转化是独立审阅的，活动是由含文化和项目专家的小组改编的）？ • 是否包含一些因文化、环境、场地、地点或人群不同而修改内容的例子？

转化和文化改编

为了能在与项目开发时非常不同的文化环境下适用,我们不可避免地要检查筛选循证项目。当这发生时,指导项目材料的转化(translation,根据语境亦译成"翻译")和文化改编,可能需遵循什么样的系统化过程?我们可以将之看作是类推的问题。循证项目应如何类推?也就是说,这些项目应该如何为全新的实践背景或群体作出修改?虽然类推可能发生在与干预开发类似的背景中,但我们主要关注将项目材料用于其他国家和文化时的情况,我们将用我们在中国所作的"作出选择"项目经验来诠释我们的讨论。我们在第六章将讨论更为广义的改编概念。

转化和文化改编包括修改项目内容,以在一个新的目标人群或环境中反映规范性的信仰和价值观。翻译之后,改编通常要重新详述活动(其在文化上有细微差别)的核心项目概念。虽然其他人将改编描述为一个多步骤过程,包括用以提高环境中实施战略的社会政治分析(Backer,2002),但我们提出了较为关注语言和文化改编的三个步骤:

1. 为保障文化和语境的一致性,专家审查项目的理论和材料。

2. 对项目材料进行翻译转化和回译(back-translation)确定语言表达的一致性。

3. 核心概念和项目活动的文化改编。

文化和语境一致性的专家审查

转化和改编的第一步是专家对项目的理论和内容相关性的

第四章
步骤二：创建并修订项目材料

审查。这项审查涉及评估项目内容与文化信仰和习俗的契合度。它还包括评估干预实施的组织化背景。当"作出选择"为中国儿童而作出改编时，在其核心概念（社会信息加工技能）与中国儿童的相关性上没有任何数据可用。不过，来自美国和欧洲的相关数据表明，不同文化下的儿童在社会信息加工上相类似。这些数据给了我们初步的信心，该项目理论可能具有广阔的文化适用性，"作出选择"项目可能会在中国有效。在同一时间，邀请儿童发展方面的专家和负责在中国开发项目的政府官员来观察美国学校中的"作出选择"项目。一群中国的教育人员、管理者和学者访问了美国，并观看了老师如何在他们的课堂上运用"作出选择"项目。经过三个不同团队的观察，中国政府决定资助一个由中国专家和美国专家组成的翻译和改编工作团队。

七名来自天津南开大学社会工作与社会科学学院的成员致力于"作出选择"项目的翻译和改编工作。他们一起回顾了中国的研究文献——其中大部分还没有进入西方期刊中——来评估项目理论的跨文化有效性。他们既要翻译"作出选择"项目，还要确定加强与中国儿童课程文化相关性的方式。依托文化相关性的研究和他们对"作出选择"项目的观察，他们确定了能够加强项目活动相关性的改编。

翻译、回译以及达成一致的再译

发现项目理论的相关性之后，而且改编的想法开始出现时，项目材料必须被正式翻译成实施性的语言,也就是说,实践者用于提供干预的语言。翻译的目标是创建项目材料,该材料语义上等同于原项目材料。因此,翻译过程反对直译,它追求相匹配的、文化相关的解释。

在这个层面上,翻译是一个反复的过程,往往包括一个由语言学家和项目专家组成的团队。翻译必须细心,因为项目材料往往在习惯用语上有细微的差别。事实上,可能有很多种方式来翻译一个单词或词组(例如,"特雷尔告诉卢修斯,'这场比赛将让你大开眼界'/This game will knock your socks off。"),但是可能只有一种方法传达了项目开发者的真正意图。最后,翻译应传达所有核心概念在文化上具有的细微差别的意义,而项目内容应植根于文化上熟悉的活动。这需要一个反复的渐进过程,它包括至少两个语言学家的初步独立的翻译,并回译(back-translation)成英文(回译是将已经翻译成外国语言的文档翻译回原来语言的过程,最好每个版本使用不同的翻译员)。举例来说,如果英语是项目材料最初形成时的语言,不同的语言学家在翻译和回译工作中更容易找出有问题的措辞(例如,误译习惯用语,如"让你大开眼界"["knock your socks off"])。发现问题时,语言学家会讨论这个问题,来就正确的翻译达成一致(Brislin, 1970; Gullemin, Bombardier, and Beaton, 1993; Widenfelt, Treffers, de Beurs, Siebelink, and Koudijs, 2005)。这个共同翻译过程的目标是确定单词和短语,这些单词或短语能最好地表

第四章
步骤二：创建并修订项目材料

达在初始项目材料中使用的短语和单词的字面意思及文化内涵。

核心概念和项目活动的文化改编

在就翻译被达成一致意见后，文化改编的过程可能就开始了。文化改编是将项目语言改变为目标人群日常生活用语的有组织的、理性的过程。为了使项目有意义，内容必须口语化。一个项目必须有流通度和清晰度，它必须不能被觉得是异己的。概念必须符合即将实施项目的环境中盛行的价值观和信仰，以及组织（例如，机关、学校、医疗诊所和社区中心）的任务。活动不应该激起阻力。事实上，活动应该使人产生动机，并能融合到环境背景中。

我们应考虑改编的两种形式：项目执行和项目内容（Castro, Barrera, and Martinez, 2004）。逻辑上第一步是确定项目执行的形式。在为中国改编"作出选择"项目时，我们首先关注的问题之一是，由于美国和中国的学校教学方法非常不同，中国学校是否会支持这种形式的预防项目。我们的这一关注主要是基于以下事实："作出选择"使用的是一个高度互动的方法，而这种方法是中国学校中的许多教师所不熟悉的。与中国同事一起，我们访问学校，解释"作出选择"项目，并征求校长和教师关于项目执行形式的意见。这包括对教师和校长角色的讨论、家长观点和角色，以及对中国的学校和社区内的政治代表重要性的认识。这一过程中还涉及我们在邻里合作以及与其他社区组织合作推进"作出选择"项目实施方面达成的共识。一开始,文化改编是对整体环境的反应。

改编的目标是要为项目执行选择一个手段,该手段将最大限度地接近目标人群,并且为高保真地实施提供保证。最初,改编过程的重点是确定提供某一项目的可用机制。诸如学校这样的社会机构,它们的赞助和责任在不同文化中是不同的。举例来说,在中国的学校,较少有提供社会和品格教育的历史。在过去50年里,社会教育主要是通过社区合作,以及一个由政府官员组成的广泛系统(既提供正规的社会控制,也提供社区层面的社会支持)来实现的。此外,中国的教育更多地依赖于有指导的学习和记忆,而不是互动学习。除了关注基于"作出选择"的互动学习方式,该项目还旨在被学校社会工作者、学校心理医生、学校辅导员或教师使用。不过,中国部分地区没有学校社会工作者、心理医生或者辅导员。基于这些基本差异,改编团队不确定"作出选择"是否能够在公立学校实施,团队成员多次访问学校来评估潜在环境。另外,改编团队成员还访问了另一个潜在项目环境——社区中心(曾经的合作社),辅助专业人员在那里进行课后辅导,开办健康诊所,提供家庭服务,并组织各种娱乐活动。最终,团队确定,大多数中国教师有兴趣学习互动式教学方法,"作出选择"项目可辅以教师有关朋辈社会动力、小组学习和课堂行为管理的训练材料。翻译之后的文化改编包括了解提供服务的系统、组织结构、人员配备模式和潜在干预执行者的职能。

第四章
步骤二:创建并修订项目材料

界定文化改编的系统化方法的第二项活动包括,项目内容的选择和修改,以此来完善契合度——但不损害项目理论的核心特征。这项活动还需要连续的协作过程,包括文化和项目方面的专家。总之,专家们界定文化方面的内容,并将它们与应修改的内容区分开来。这个过程可以产生有趣的讨论。举例来说,"作出选择"中的一项练习涉及棒球的故事。棒球在中国不是一项普及的运动。然而,南开大学教师改编团队成员在是否用在中国更普及的运动(如篮球)来取代棒球这个问题上产生了分歧。有些人认为让中国孩子学习棒球有好处,另一些人则认为学习棒球虽然有价值,但不是"作出选择"项目的意图,应该使用篮球或足球,因为这样的替代将使得实践者可以集中解释核心的社会信息加工概念,而不是美国体育项目。后一种观点最终占了上风。这个确定项目内容的过程可能契合度不佳,但是从文化角度讨论开发需要有关项目作用机制(即中介变量)的可选择内容在一个特定人群或许可行,或许不可行。

总结

本章侧重于干预研究中的第二步:创建并修订项目材料。虽然设计和开发项目材料的工作大部分发生在第二步,但也不是仅发生在这一步。事实上,它全面贯穿在干预研究的五个步骤之中。为将这个工作作为干预研究中的跨领域活动来展现,我们介绍了干预手册和其他项目材料开发的四个阶段:创建项目材料、修订材料、目标环境的差异化、为适应新环境的转化和改编。创建项目材料基于干预研究第一步中的开发问题活动和项目理论。修订和差异化源于试点实验、专家评审和干预研究第三及第四步的对照实验。以第五步中的传播为中心,转化和文化改编需要对执行机制和项目内容进行重新评估。

一旦开发成功,项目手册通常包含一系列内容,这些内容阐明了目的、目标和活动。手册定义了系统的改变策略。正如在以下的文本框中概括的,手册应描述干预针对的问题,指定近期目标(例如技能的改变)和远期目标(例如社会或健康问题的改变)。确定目标人群以及干预的系统层级,也就是说,干预针对的是个人、家庭、团体、组织、社区,还是混合的。手册应明确项目理论(包含逻辑模型或变化理论)、干预的关键点、中介因素或机制以及预期的结果。应该讨论干预的执行形式,这可能包括干预呈现的方式,例如讲座、讨论、作业或其他形式的活动;互动的形式,例如面对面、电话或者网络;或者领导的类型,例如单独领导、同行业或不同行业的共同领导,以及成员领导。每部分的持续时间和频率也应明确。

此外,还应说明实施干预所必需的实践技能。建立治疗联盟、引导小组进程,以及调动社区参与等不同技能,在实施新干预活动时可能至关重要。手册本身可能包含有关管理小组进程的方法、处理实施中的常见问题或者预期组织的干预效果的具体信息。

专栏 4-1　干预手册的主要部分

说明

- 说明正待解决的问题
- 审查发生率或流行数据(即讨论谁遇到了这个问题)
- 讨论干预的必要性或理由
- 详述逻辑模型和/或变化理论,包括描述可塑的调节机制
- 描述干预格式并推荐使用项目材料的策略
- 可选:提供或参考基于文献回顾的项目理论

干预部分

必须考虑

- 变化的系统水平(社区、组织、家庭、小组、个人)
- 实施的系统水平(社区、组织、家庭、小组、个人)
- 干预部分的持续时间和频率
- 环境(实施干预的地方)
- 实施的方法(讲座、动手活动、视频)
- 干预执行者(谁来执行干预)
- 干预模式(面对面、电话、电脑)

手册必须提供

- 目标、目的以及每部分的内容
- 根据种族/族裔、文化、语言、宗教或其他因素改编内容的建议

- 不同干预之间选择的决策规则(如果适用的话)
- 有关基本内容及丰富或补充内容的说明
- 具体干预活动的细节
- 选择参与者的准则
- 对近端成果和远端成果的描述
- 有关实践者培训和督导的标准

中介变量资源
- 筛选和募集材料
- 脚本对话的例子

因此,干预手册介绍了组成干预的内容和一系列活动。虽然我们已经概述了手册开发的不同阶段,以及设计完整手册应包含的特点,但相比建议的模板,目前在实践中使用的手册往往在设计上比较不完整。我们认为,设计和开发过程只能在有巨大财政支持的情况下完成。它代表着一种理想。

最后,我们关注作为干预研究一部分来设计的手册。可以确定的是,手册同样可以在研究范围以外创建。当干预研究不能实施时,实践者和学生可能会想要致力于创建一本导向干预研究的手册。我们鼓励这种做法——将当前的干预编成手册并使其标准化。从长远来看,必须对手册进行测试。在下一章当中,我们将通过审查有效性实验和效果实验来描述测试过程,这构成了干预研究过程中的步骤三和步骤四。

附录4-1 什么是目标?(问题解决第三步:设定目标)

目标:

呈现有关社会状况的简单描述时,学员将能够确定三个目标。

学员使用口头和书面语言,以有序的、逻辑的方式,来呈现信息,并分享信息和观点。

材料:

"用'作出选择'的方式解决问题"的海报

"情境卡片,这是一个目标吗?"工作表

说明:

回顾"用'作出选择'的方式解决问题"的海报,并告诉学员他们现在已经完成序列中的前两个步骤。他们已经学会如何寻找线索,以及如何确定线索表达的意思。现在,他们将进入到第三步,即"形成目标"。对他们做出说明:在接下来的几节课程中,他们将学习如何确定什么是他们希望发生的,以及如何设定目标。要求学生定义"目标"这个词,然后阅读下面的定义并写在黑板上:"目标是一个人想要的东西"。

向全班朗读下面关于目标的例子:

安妮想要一个新的足球。

路易斯想去买一个新的篮球圈。

珊迪想在派对上获得快乐。

詹姆斯想在数学考试中得到"A"。

安东尼想与他班里的一个新同学成为朋友。

活动 1：指出我们一直在设定目标

通过确定我们要完成的事情，我们随时都在设定目标。有时一个目标包括获得我们目前没有的东西，有时候目标包括希望保留住我们已经有的东西——这个东西可能是一个实物（例如一张很酷的 CD）、一个朋友或者一种感觉。询问学员他们为自己设定目标的例子。让学员分享他们的例子。

分发"这是一个目标吗？"表格。向学员解释，请他们在他们认为是目标的句子旁边打叉。

活动 2：确定问题并设定目标

在表格纸或透明纸上创建如下表格。

情境/问题	目标
我兄弟拿走了我最爱的 CD，并不肯归还	在不与他打架的情况下要回我的 CD 或者 让他拥有这张 CD 并看看我是否能从他那里拿回点什么作为报酬

大声朗读其中一张情境卡片。读完卡片后，请学员确定情境或问题，然后让学员确定将有助于解决这个问题的几个不同的目标。将关注焦点集中于每一种情况产生的多重目标。重复每张情境卡片的过程。

总结：

回顾目标的定义：目标是我们想要发生的事情、想要获得的东西，或者我们想要保留住的东西的观点。为了达到我们的目标，我们必须决定什么样的行动步骤必须完成。

活动表格1：这是一个目标吗？

目标是我们想要去做的事或想要获得的东西。

我们在行动前设定目标。

仔细阅读以下每句话,确定这句话是不是目标,在是目标的句子旁边打叉。

1. 朱莉想要在拼写考试上得"A"。_____
2. 米格尔向他老师寻求帮助。_____
3. 菲尔想赚额外的钱去买他喜欢的电脑游戏。_____
4. 艾米想在学校多交朋友。_____
5. 梅莉萨请她朋友过来吃晚饭。_____
6. 马里奥想尝试进入棒球队。_____
7. 安东尼娅从学校乘公交车回家。_____
8. 马丁想在高台跳水池学习跳水。_____
9. 玛利亚帮助她母亲挑选给祖母的礼物。_____
10. 特里想去看场电影。_____

活动2：情境卡片

你旁边的学员抄袭了你的考卷	你听到安娜对另一个女生说,她不会邀请你参加她的生日聚会	你最好的朋友告诉你,她在昨天的社会科目考试上作弊了
在健身房的一场篮球赛中,你不小心砸到了班里最小气的孩子的鼻子	杰米在没有告知的情况下,从你的书桌里拿走了你最喜欢的铅笔	汤姆告诉学校里的所有人,在他去约翰家的时候,他听到约翰的父母在吵架

续 表

你看到詹妮弗邀请班上所有的女生在休假时玩一个特别的游戏,但她没有邀请你	你有一张多余的电影票,但你不知道该邀请两个最好朋友中的哪一个和你一起去	你想要和你最好的朋友出去玩。你需要父亲允许你去朋友家,但你刚与父亲吵过架
你朋友必须很早回家,但是你还可以在操场上再玩一个小时。你看到一群你不认识的孩子在玩球	在你正要拿的时候,一个新来的孩子拿走了食堂里的最后一块蛋糕	两个你很久没见的朋友问你是否想看他们刚偷来的CD

第五章

步骤三和步骤四：从完善项目成分到测试效果

本章介绍干预研究五个步骤中的第三步和第四步。第三步包括通过有效性测试完善和确认项目成分。第四步则着重于效果测试，主要测试干预措施在不同环境和情况下得到的效果。本章还描述了我们为什么要运用逻辑实验来评估社会性干预；如何通过小而廉价的试点测试来帮助完善项目成分；如何扩大工作，以实施具有高执行质量的有效性测验。最后，我们讨论了减少对项目的控制以及在常规实践条件下测试效果（testing effectiveness）面临的挑战。

一项实践的基本准则在于它需要分配稀缺资源，使资源得到最有效的利用。这是在将资源从一个项目转移到另一个项目之前，试图去理解项目社会和健康干预价值的基础。意想不到的是，我们是在为小学开发"作出选择"项目的过程中，发现这种资源之间的竞争。那些对我们项目感兴趣的学校领导和老师希望有一种新的方式来阻止学校中的过激行为，特别是嘲笑和欺侮。在大多数情况下，他们运用的课堂管理技能效果并不理想，尽管学校设立了行为守则，也制定了相应的惩罚措施并可能将其送往副校长办公室，但有的孩子仍一再扰乱课堂秩序。与此同时，校长和老师（以及我们研究团队）一致认为，课堂时间作为一种稀缺资源具有很多竞争性用途（competing uses）。作为在学生教育方面的利益相关者，老师希望知道通过"作出选择"项目能期待得到何种结果：他们是否可以看到社会攻击和课堂中断情况的减少？他们能否期望看到课堂交流和活力的改进？此外，教师对于应为此项目投入多少努力也有着一些疑惑：除了每周三十个小时的"预算"，教师还需要花费多少时间在在职培训上？要花费多少时间讲新的概念？要花费多少时间在课堂活动和家庭作业上？在课外准备时间之外，每周还需要花费多少时间在决策项目的选择上？为了解决这些疑惑，干预团队进行了一系列的研究，以完善项目组成部分，提高其与实践环境的契合性（在这个干预案例中，实践环境是教室）。

测试的程序

全面理解一项干预的影响结果需要一系列的研究。让我们以一个新药物治疗配方的开发都包含哪些内容为例。在一种药物被核准可推广使用之前，需要测试这种药物，以确保它起到积极的疗效，而且不会造成任何有害影响（或至少可能存在的副作用在可以接受的范围内）。医学研究人员用来证明药物的使用会产生特定的积极效果实验，是他们构建出的最佳条件下的实验。在这些研究中，医疗研究人员仔细控制测试的各个方面，包括：控制药物剂

第五章
步骤三和步骤四：从完善项目成分到测试效果

量；为允许参与研究的患者设定筛选标准（排除可能混淆结果的潜在参与者，例如有共病的患者）；确定药物的剂量和给药频率（直接管理药物的配给，以防漏服）；在试验期间监测所有其他与健康相关的活动。为了评估药物的影响，医学研究人员利用一种评价设计来支持这样一种因果推断，即新药物的使用是对实验结束时出现的差异的最好解释。医学研究的标准程序需要采用随机对照实验（randomized controlled trials），其中研究参与者被随机分组到治疗组或对照组。另外，药物临床实验的计划方案使得研究人员可以使用一些策略，用来保证参与者不知道他们被分配的组（例如，通过给予对照组安慰剂的方式），以防止参与者在得知自己所在分组后所做的行为在某种程度上影响到研究结果。如果一种药物通过了这项实验，它将开始进入下一个阶段——在常规的临床环境中进行测试。临床环境实验是要确定，如果医生可以控制药物处方，而患者可以监督自己是否遵守（或者不遵守）剂量说明和辅助健康行为指南，实验结果是否仍可以获得支持？（他们会漏服药物吗？他们是否按时服药？他们是否遵照指示减少影响药效的活动？）这种有效性实验（effectiveness trial）的结果将告诉研究人员药物的指征或适应症（indications）是否正确，不受监督的医生是否能开出合适的处方药物，对患者的诊断方向是否明确和合理。简而言之，有效性实验表明当药物在常规实践条件下使用时效果能达到的程度，而不是在理想条件下的效果。

我们在社会和行为研究中使用的是基本相同的序列。不过,社会和行为干预不像许多药物实验那样是受单一因素的影响,它们非常复杂。社会行为的研究往往包括多种方法的组合,并且包括那些不容易标准化的程序。当一项干预是多种做法和程序的集合(而不仅仅是一颗单一的药丸),将观察到的效果归于合适的组成部分是非常具有挑战性的。此外,在许多实践环境中,安排参与者进行非干预控制是不可能也是不道德的。因此,常规干预条件(即常规服务)是目前公认的社会和行为研究的标准控制或比较控制。因此,社会和行为取向的干预研究倾向于测量在常规服务中产生的相关优势,而不是干预与非干预之间的区别(研究人员必须明确指出,测量治疗和常规干预协议的内容;更多相关内容可见下文"保真度"部分)。最后,相较于疾病的生物学过程,推动社会问题的机制往往不怎么为人们所了解;因此,一个项目理论(界定中介变量并聚焦于干预)的形成包含更多的推断成分。通常情况下,我们必须说明一些似是而非的中介过程,而这产生了复杂且多元的干预措施。作为一名社会研究人员,我们面临的许多挑战不同于生物医学研究人员面临的挑战。

因此,为了测试这些复杂的社会项目,研究者建立了证据标准,来测试项目的过程和结果。本章介绍了评价问题和设计如何随着步骤三(完善和确认项目成分)到步骤四(不同实践环境下的有效性测试)的进展而变化的。首先,我们需要检验实验的逻辑、

第五章
步骤三和步骤四：从完善项目成分到测试效果

因果推断和效度标准。接下来，以第四章的内容为基础，我们扩大有关试点测试的讨论，提出研究设计的不同类型、试点测试中混合方法的价值，我们还提供了一个案例研究来说明试点测试如何允许研究人员来监控干预执行者的培训、督导和指导。最后，我们讨论了测试顺序，并根据与实施和改编相关的问题来考察效果测试和有效性测试。

实验的逻辑

最终，干预研究的目的是证明项目能够产生良好的社会或健康方面的结果。我们想要作出这样的推论：干预能够产生特定的结果。简言之，我们需要进行因果论证。

因果推断必须满足下列基本要求：原因必须先于效果，原因必须随效果变化而变化（共变或相关），而其他对效果的解释都是不可信的（Shadish, Cook, and Campbell, 2002）。典型的例子就是：一位化学家将一根铁棒浸在一个装有酸性溶液的坛子里。当这根铁棍溶解时，这个原因（浸在酸性溶液中）能比结果（溶解）先观察到。可以被观察到，原因与结果共生存在（当铁棍从酸性液体中拿出，它将不发生溶解或停止溶解）。此外，我们有关铁的经验足以排除其他解释（铁是不会自己溶解的）。满足因果推断这三个标准的实验结果则被描述为具有**内部效度**（internal validity）。

在第三章中，我们介绍了社会学研究者如何使用问题理论和逻辑模型来将感兴趣的结果分为以下范畴：远端结果（distal outcomes），如辍学、逮捕或虐待儿童；以及近端结果，如学校出勤率、攻击行为和教养技能。研究人员还寻找调节过程中的证据，这些证据可能是无形的（例如，变化的知识、信念、动机、准备改变的意图或认知技能），从而了解产生更多干预预期变化的机制。社会研究中进行的实验，是力图实现因果推断框架内的内部有效性。在设计实验的过程中，社会研究者需要设立一种情境，在其中，问题（项目）产生的原因先于可观测到的效果。然后，他们使用统计分析来显示原因和效果的协方差，包括中介因素与结果的共变。研究设计（即具体的实验程序）本身是一种机制，这种机制使否决那些对观察到的效果作出的貌似合理的解释变为可能。

研究设计

研究设计是一个确定谁将接受干预以及如何观察其产生效果的过程。正如第二章所讨论的，一个设计往往要确定调查研究的核心元素，例如，哪些参与者将组成干预组和对照组；对因变量或其他变量将采取什么样的测量方式。此外，研究设计也要说明干预在何时产生以及提供干预的时间段。图 5-1 解释了常用实验前后测设计使用的标准符号。这个图应该从左到右来解读，表明时间的流逝过程。两行表示两组不同的参与者，R 表明参与者是被随机分组的。每一个 O 代表一个对参与者进行测量（例如，调查、问卷调查、测试）的评估点。两个 O 则代表了在同一时间给予两组参与者的两波(两轮)测试。X则代表两组观察之间干预的引入。

R	O	X	O
R	O		O

图 5-1 研究设计标记法

为解决多样化的研究问题,研究者需要进行一系列不同的设计,图5-1仅是其中一个。我们的目标是能够选择一个设计,这个设计能在既定情况下得出有效的推断。由于设计中详细说明的程序形成了一种机制,这种机制可以否定貌似合理的其他解释,因此不同的设计是用来解决对立假设的。此外,不同的设计需要解决道德伦理约束问题(例如,何时从对照组中撤回干预是不道德的)、资源限制问题(例如,当一个大样本不可行的时候)和时间限制问题(例如,当重复前测或随访观察被阻止时)。此外,由于研究总是会涉及妥协,一个设计的选择往往表示了这样一个决定,即以外部效度为代价来强调内部效度。换句话说,有时研究者必须在以下两者之间作出选择:强调因果推断(内部效度),还是渴望将研究结果推广到更多样的环境中(外部效度)。一个评估设计总是涉及权衡(Shadish et al., 2002)。

干预研究中的实验设计

在干预研究中,我们通常认为的研究设计有两种基本类型:实验设计和准实验设计。实验设计的特点是运用随机分组来创建干预组和对照组。在拥有数量足够大的群体时,随机分组通常会达到群组间的可观测到或不可观测到的评估的均衡。其他分组方法和统计调整方法都不能产生类似的效果。当运用随机分组时，干预后组间差异可被视为干预影响的结果——假设随机效应与干预效果没有混淆。

国家卫生研究院、预防研究协会（SPR）以及其他专业组织已经确立了研究设计的精良标准。例如，为了满足 SPR 标准（2004）的因果推断标准，研究必须兼具：（1）一个对照组，不接受任何干预、常规照顾、安慰剂或等候名单（wait-list）；（2）一种分配机制，它最大限度地相信是干预导致了所报告的结果，而且选择性偏差被最小化。

选择性偏差（selection bias）这一术语指的是导致组间差异的非随机分组过程，这种差异并非由干预引起。当选择性偏差发生时，由于组与组之间在关键性特征方面不均等，关于干预效果的推论也会相应地产生偏差。也就是说，研究结束时所测得的结果可能原因不是唯一的，甚至部分源自项目的影响并只表示治疗组与对照组之间在干预前就存在差异。换句话说，选择性偏差影响了关于干预效果有效性的推论。产生选择性偏差的组间差异包括重要的社会人口变量或其他特征（如累积风险或者是参与研究的动机）。我们来看一个研究案例，这个研究将癌症常规治疗（在医院环境下实施的）与癌症自然疗法（在专攻替代性药物治疗的健康中心中实施的）进行对比。这样的研究会遇到显著的选择性偏差，因为去专业健康中心的那些患者倾向于选择替代性疗法，因此这一研究结果对于更大的群体不具有代表性。控制选择性偏差通常需要进行随机分组,虽然在特定条件下其他设计也是可以接受的(例如,中断时间序列与回归离散设计,这将在本章后面讨论),包括当它可能不道德地将参与者安排到另一个相对的干预组中。如上所述,**后随机效应**(post-randomization effects)代表了另一个因素,这个因素可以使组与组之间的等值性大打折扣。这些效果各有不同,既有仅对一个组产生影响的事件(比如,控制组人员流失,干预组则没有人员流失),也有对随机分组的反应(比如,约翰·亨利效应[John Henry effects]:控制组参与者知道他们被分配到控制组,并与干预组成员竞争,期望自己能比他们表现得更为出色)。尽管后随机效应在技术层面与选择机制并没有关联,但是有时候它会影响到组与组之间的等值性,从而导致选择性偏差。(有关随机选择前后对效度的威胁,请参阅 Shadish et al., 2002)。

干预研究中的准实验设计

与实验设计相比,**准实验设计**(quasi-experimental design)具有相同的目的和大部分相同的结构特点。两者都有干预组,都测量与干预相关的因变量。不过,关键的区别在于参与者的分组。实验设计采取随机分组的方式,而准实验设计的群组则不同——如果有两个组的话——它们通过非随机方式分配,这些方式包括自我选择(比如,当自愿参加干预的参与者与非自愿参加干预的参与者做比较时),或者通过管理手段进行选择(比如,当研究者分配前 50 个人到干预组,而将接下来的 50 个人分配到对照组时)。

113　　通过使用非随机分组,准实验设计暴露于各种潜在的偏差中,包括选择性偏差(也称为选择效应)。这些偏差之所以可能会出现,是因为自我选择或通过管理手段选定的组对观测到的干预组和参照组之间的差异,会产生看似合理的竞争性解释。例如,自我选择接受干预的参与者可能更愿意去改变行为。在一项有关烟民的研究中,自我选择接受干预的参与者可能会比那些非自愿接受干预的参与者更加愿意改变他们自己的行为。

　　我们来看一下,在连续两年的时间里,对三年级学生进行比较的群组研究案例。在第一年群组中,学生没有接受干预,而在第二年群组中,学生接受干预。因为学生既不是随机分配到组(第一年和第二年),也不是随机分配到教室,因此本研究采用的是准实验设计。两个群组之间的系统差异可能潜藏在意想不到的地方。例如,一位受人喜爱的校长可能离开了学校,历史事件有可能为群组1学生(即第一年结束)和群组2学生(即第二年仍在同一个教室的学生)之间观察到的差异,提供了另一种貌似合理的解释。

　　当使用准实验设计时,研究者的工作就是识别和排除潜在的可替代解释。随着时间的推移来进行测量,一些准实验设计在这一方面做得很好。例如,当研究者通过一系列测量建立了一条基线,通常,它可能将一个新项目或政策作为基线中的一种中断来进行记录。这就是所说的**中断时间序列设计**(interrupted time-series design)。此外,它还可能在一个关键性指标(如累积性风险)上对参与者进行测量,然后仅对那些达到一定界限标准的参与者进行干预。两组间在回归线上(截距和斜率)的区别可以为一个项目的效果提供依据。这种方法被称为**回归中断设计**(regression discontinuity design)。从中断时间序列和回归中断设计两个结果可以得到较高的效度(Doss and Atkins，2006)。不幸的是，这些设计在社会工作中很少使用。相反，没有对比条件的设计一直主导着社会工作的研究。由这些设计得出的结果非常难以解释，而且不符合高质量的设计标准——如预防研究协会制定的那些标准)。

干预研究在一个测试序列上使用实验方法和准实验方法，这个测试序列从试点测试开始，到有效性测试或实验得出结论。在因果推断的背景中，这个测试序列可以被看作是一种系统尝试来证明干预的功效，并通过对干预的影响这一目标来界定其取向，干预的影响包括对中介变量、近端结果和远端事件的影响。在下面案例中，请注意研究者的角色是如何随时间而改变的。

案例研究: 在医院重症监护病房预防感染

医院重症监护病房(ICU)通常治疗那些遭遇毁灭性灾难的受害者，如溺水、枪伤、烫伤、摔伤、动脉瘤和心脏骤停的受害者。重症监护病房中应用专业的技术和治疗来接替已经失效的身体器官——用呼吸机来代替肺部关键的机体功能，用透析来代替肾脏，甚至用主动脉泵更换出现故障的心脏。随着医疗条件的改善，重症监护的使用大幅度提升了，而医疗条件的改善反过来又是新技术的功能。

随着医学利用更多的技术来治疗严重的伤害和疾病,重症医学方面的复杂性也在增加。数以万计的程序、机制、药物被组织和排序之后用来治疗数百种疾病。无法掌握其复杂性也是常见的(Gawande,2007),而这会导致感染、严重化、并发症和死亡。

在巴尔的摩的约翰·霍普金斯医院,普罗诺沃斯特(Peter Pronovost)医生认识到管理数以百计的联锁重症监护病房程序的复杂性问题,因此他决定尝试一种简单的新疗法。他为一个普通的程序想出了一张步骤清晰的清单:把静脉导管插入患者体内。每年重症监护病房因导管使血流感染的估计为80 000人,造成28 000人死亡及23亿治疗费用的增加(Pronovost et al.,2006)。该清单有五个步骤:(1)洗手;(2)用指定的消毒剂清洁患者的皮肤;(3)盖住患者身体的其余部分;(4)穿戴好无菌手套、口罩和白大褂;(5)用无菌敷料覆盖导管。

普罗诺沃斯特医生想要解决健康问题的这个想法,是基于对多数感染源的清晰界定。也就是说,中介变量被界定为导管插入过程中的接触感染。不过,作为一种干预,该清单还需要测试来证明它是有效的。毕竟,与填写几份看似明显的清单相比,重症监护病房的医生和护士可能有更好的方式来分配其有限的时间。有一位医生的反应是:"丢掉文书工作,照顾好患者!"(Gawande,2007)

普罗诺沃斯特医生做的第一件事就是将清单交给重症监护病

房的护士,并要求她们观察医生一个月。护士必须坚持对医生在导管过程中使用五个步骤的频率进行记录。结果发现,有超过三分之一的时间,医生至少漏掉了一个步骤。

接下来,普罗诺沃斯特对重症监护病房小组公布了这些观察的结果,设置清单是一个必要的程序,并授权护士来提醒医生相应的步骤,以确保医生能够完成所有步骤。在接下来的一年里,感染率从11%降至0%。普罗诺沃斯特团队将实验时间延长至了15个月,与原先预期的45例感染率相比,现在只有2名被感染。普罗诺沃斯特团队估计,这至少阻止了8人的死亡,节省了对重症监护病房的200万美元的开支。

但是,在普罗诺沃斯特医生并不在场的医院,这份清单的使用是否能够说服医生相信完成额外的文书工作是有价值的,并在医生跳过某些步骤时支持护士加以干预?为了回答这个问题,密歇根州卫生和医院协会签署协议,在全州的重症监护病房尝试使用这份清单。起初,加护病房只跟踪自己的感染率,表明他们是高于全国平均水平基线的。然后,每家医院指派一个管理人员每月将清单交给约翰·霍普金斯大学的工作人员并与其对话。此外,每家医院还会派高级管理人员参观重症监护病房,监测项目,解决问题,并得到反馈。

结果不仅很快出现,而且富有戏剧性。在该清单项目实施的头三个月,感染率下降了66%。在头18个月,该项目大约节省了2.75亿资金,挽救了1 500条生命。现在,美国其他州和西班牙也正在实施这份检查清单。普罗诺沃斯特医生也已经开始为其他程序测试检查清单。

步骤三：完善并确认项目成分

干预研究是一个重复的序列化过程，始于一个预示着项目设计的想法，进而由试点测试发展到效果测试，最后结束于传播。在这里我们需讨论的是试点测试阶段，这个阶段完善项目成分，基于背景和文化来区别内容，并在一系列不同的环境中评估项目影响。

初步开发之后对干预进行的试点测试

步骤三开始于对小型的且通常为单组或单个案例进行的试点测试，同时测量干预过程和近端结果。试点测试的目标是：（1）在实践背景下开发和完善干预；（2）收集中介变量和近端结果变化的初步证据。实现这些目标往往需要一个社区参与的过程，这意味着各方利益相关者都需要参与开发研究问题、提供干预、收集数据和解释结果。例如，在重症监护病房清单的案例中，普罗诺沃斯特医生邀请了护士、资深医生和行政管理人员参与其中。试点测试的设计相对比较简单，而且几乎都是准实验设计。试点测试往往只涉及一个小组，而该小组的参与者也都知道他们是试点测试过程中的一部分。事实上，研究者甚至可能要求参与者对干预中使用的项目活动或程序给予反馈。

如表 5-1 所示，试点测试既需要定性测量也需要定量测量。数据收集和分析的重点在于理解参与者对于项目内容的反应，包括活动是否吸引参与者,以及中介变量是否产生变化。在"作出选择"项目的初步测试中,我们进行了一次单组测试,并访谈了干预项目的执行者(一个担任小组负责人的心理学家)、组内成员、教师和家长。在随后的研究中,我们聚焦于担当干预执行者的教师组,让他们来审查项目内容,由他们判定项目内容是"有效的"还是"不是很有效的"。接着,我们利用这些信息来修改项目活动和开发新的内容。由于试点测试的样本量通常较小,定量测量可能不如混合方法效果好。当使用定量测量时,对少数测量进行经常性的数据收集,比一系列大范围的前后测更加有用。在引入干预之前,测量应开始于重复多次的前测,并在干预中持续进行,在项目内容开展之前、期间和之后的时间段里,这些数据使得可以描述关键变量。小规模的试点测试使得精细(intensive)的测量成为一种可行的方式。

表5-1 测试阶段:试点研究、有效性研究和效果研究

试 点 研 究	有效性研究	效 果 研 究
参与者 小容量并容易抽取的样本	同质的且通常有积极性的样本;排除并发症及其他并存的问题	广泛的、异质的样本,通常使用已确定的人群
干预类型 新干预或对已有项目的改编,甚至在研究中也会对其进行修改和完善	聚焦于问题的干预,最大限度地发挥规模效应,并保证高保真度	已经过测试的干预:通常是可操作的

续 表

试 点 研 究	有效性研究	效 果 研 究
评估设计 单组或病例对照设计	随机设计	随机或准实验设计
组织环境 一个高度允许全体职工参与过程评价的环境	通常是一个减少可变性的环境;拥有许多资源和专家队伍的环境	诉诸并实施于多个不同环境;能够适应环境
实施 由可进行密切监控和质性反馈的研究者实施;在进展过程中不断完善草案	由研究者密切遵循具体草案来实施	由许多不同人员遵照具体草案实施

资料来源:改编自 Glasgow, Lichtenstein, and Marcus(2003).

有效性测试:完善并确认项目成分

在项目设计和试点测试之后,我们想知道项目是不是有效。也就是说,在项目理论的基础上,项目是否会导致中介变量产生变化,中介变量的变化是否会导致近端结果的变化? 有效性测试力求通过以下设计最大限度地得出相应的因果推论:消除对项目结果的其他常见的不同解释。这些设计包括将参与者随机分配到项目组和对照组,也可以使用强大的准实验方法,如回归间断设计。

有效性实验需要详细说明项目模型。继在第四章描述的手册开发流程之后,因为治疗必须是稳定的、可复制的,所以在有效性实验开始时的项目手册和材料必须是完整的,而且已经做好在实践中使用的准备。不过,经过充分开发的材料并不排除基于有效性测试以及之后进行的项目实验而作进一步修订。高品质地实施项目对于有效性实验来说也是非常重要的。在测试过程中项目可获得性(availability)的中断或者执行力度不够,都会造成混乱的效果。最后,也常常用入选和排除标准来筛选项目的参与者,以确保他们能够代表目标群体。

步骤四: 在不同实践背景和环境中评估效果

有效性测试(efficacy testing)之后是效果测试(effectiveness testing),效果测试的目的是来估计在现实世界条件下干预能产生的影响。也就是说,在没有有效性实验的情况下,效果实验的目的是在干预受到全方位支持(例如,高级行政单位和组织的支持、对干预执行者的广泛培训和督导)的情况下,干预的影响能否推广到实践中。一个项目在有效性实验的理想状态下被证明能达到预期效果之后,就要在其他各种实践条件下去评估项目的效果。效果实验测试的是项目的实施模型,包括项目的材料和手册、培训模块和其他详细说明干预的手段。与有效性测试不同,效果测试中有两个条件是放宽的:项目的提供不再受到研究者的直接控制,而且参与者对治疗的依从性随自然变化而变化。

治疗意向分析

效果实验使用各种形式的分析(例如,治疗意向和剂量反应),而分析往往将项目实施纳入考量范围。治疗意向(intent to treat,ITT)是一种方法,它对所有被平均分配到干预组的参与者的结果进行统计,无论他们接受的是完全的还是部分的项目干预。治疗意向包括中途退出的参与者的测试结果以及积极完成干预的参与者的通常较好的测试结果。治疗意向分析会提出这样一个问题:该项目对目标人群产生了什么影响?这类分析意识到,项目将会不可避免地失去一些项目想要干预的被试。参与者会出现退出、偶尔参加干预或者参加但不遵守干预规定的状况。假设这种变化会发生在现实世界的实践中,治疗意向将会对目标人群进行效果评估,而不仅仅是针对完整参与项目的人员。治疗意向将会评估预期效果,这将与政策制定者相关,因为他们关心的是当项目规模化时,项目的效果是怎样的。

有效性子集分析或干预

剂量反应分析是以接受的干预总量为基础对干预效果进行评估。在这些分析中,将对那些完全接受干预的参与者得到的效果与控制组或对照组参与者得出的效果进行比较。这种比较包括在干预条件下选择参与者中的一个子集,因此它通常被称为**有效性子集分析**(efficacy subset analysis)。当这种比较包括对一个干预效果(对按照某种标准被认为接受完全干预的参与者进行的)进行评估时,它也被称为已治疗后的治疗(treatment of the treated)。有效性子集结果带有对可能出现的自我选择性偏差的警示,因为通常更大的暴露往往与更大的动机相关联。因此,接受完全干预的群组可能在影响效果的方式上与对照组不同。新的统计方法(如倾向值的匹配或加权)被开发出来解决这个问题,而且它们拥

第五章
步骤三和步骤四：从完善项目成分到测试效果

有这样的潜力，即在控制组或对照组中，在有效性子集与匹配的参与者之间创造等值性。这些新的方法在第七章会简要介绍，我们也推荐阅读郭和弗雷泽（Guo and Fraser, in press）的研究，其中有充分的讨论。

我们现在把注意力集中在测量问题上，这些测量问题是研究者在试点测试、有效性实验和效果实验中会遇到的问题。我们描述了一种混合方法，并提倡使用定量测量和定性测量；还探讨了如下三个领域交叉的议题：效果的测量、项目的实施以及项目的保真度。我们以简要讨论研究和实践的联系来结束本章。

在有效性实验和效果实验中测量效果

到目前为止，你已经到了干预研究过程的第三和第四步，你已有了一个项目理论，该理论详细说明了活动、中介变量、改变的目标以及预期的效果。在这一步，你还有了一个逻辑模型或者改变理论（见第三章），从而揭示项目活动与结果之间的理论联系。你的模型或理论是测量计划的基础，包括测量干预活动按照预期实施的程度。本节回顾的测量是显示共变（covariation）所必需的，共变是因果论证的三个必要条件之一。

大多数干预研究始于聚焦于**构念**（construct）。构念是一个不容易观察到的概念。它包括健康、犯罪、抑郁、幸福感、孩子的忽视以及其他涉及社会、心理的现象，有时也涉及法律条文。为了满足测量的要求，构念需要可操作化，这是根据可观测的现象界定构念的过程。我们寻求既有信度(即重复的测量产生相同的效果)又有效度(测量值与构念的真正价值高度相关)的测量。例如,如果我们干预的目的是促进健康和幸福,我们就必须确定如何去衡量健康和幸福这两个构念。我们可以选择去询问参与者他们觉得干预对他们的健康和幸福产生了积极还是消极的影响。但这样的报告是非常主观的(尽管自我报告可能有效),而且可能缺乏可靠性。可靠的工具(即多次重复的测量仍可得到类似效果的工具)通常包括一系列表示一个构念不同方面的相关问题。因此,我们可以从一个标准的健康评定量表得分来定义健康,例如,兰德公司的 SF-36(RAND Corporation SF36,2008)。在其他构念的案例中,我们可以使用非法行为的自我报告作为犯罪的指标,或使用《精神疾病诊断与统计手册》将抑郁症操作性地定义为一组特定的行为(American Psychiatric Association,2000)。如表 5-2 所示,测量是将理论上的构念与可观测指标相联系的过程。

表 5-2 测量的概念层次

构念	一种思想或理论构念(有时也称为因素)
测量	包括这些过程:选择工具、完善调查问题、验证量表,以及设计用来测量构念的其他数据收集程序
变量	可测量指标

在测量上占主导地位的策略是,中心构念应该以多种方式来测量(McDavid and Hawthorn,2006;Trochim,2005)。测量的

第五章
步骤三和步骤四：从完善项目成分到测试效果

目标是获得表示重要概念的不同方式。实现这个目标的方式包括：使用多种工具，用不同的报告人（如父母、子女和老师的报告），或者使用数据收集的不同方法（例如，定量测量和定性测量，或行为观察和自我报告等不同方法）。

定性测量的方法（比如，深入访谈、焦点小组和专题分析）对试点研究（项目成分在其中得以形成和修改）来说特别有用。在有效性研究和效果研究中，他们在描述项目实施的质量方面特别有价值。定性的方法是定量方法的重要补充。将对参与者的访谈录制下来提供了逐字翻译的文本，可以对它们进行分析，并用来理解干预过程和结果的关系。

定量测量和定性方法应该进行试点测试。测量在逻辑上应与其他相似变量相关。也就是说，它们应该具有同时效度，而且具有一种有意义的关系模式。例如，一个犯罪测量应与其他的犯罪测量相关联。此外，测量应该具备文化敏感度，受测者可以容易理解，而且在概念上与项目原理一致。词语和短语的文化建构可以按地区、年龄、阶级、种族/民族、国籍以及各种其他因素来区分。语言工具也应进行试点测试，以确保其含义是明确的。项目的参与者是否理解"运动鞋"（sneaker）的意思就是"运动鞋"（tennis shoes）？他们是否认为"感到忧郁"（feeling blue）比"感到沮丧"（feeling depressed）更严重？正如我们在第四章讨论的那样，文化含义的细微差别，通常反映了相同构念（诸如"良好的教养方式"或者"健康的身体形象"）的不同社会建构。试点测试可包括与潜在项目参与者进行交流,以听取他们对于文本中问题的解释和理解。当然,对文化的任何解释性变量都需要与文化构念的可靠指标相关联。研究经常使用种族人口指标、民族、出生地点和首选语言来作为文化的代表。不过,研究文献也包括文化和文化适应量表,它们在试点测试中具有潜在的价值(Escobar and Vega, 2000; Marin et al., 1987)。

在有效性实验和效果实验中测量保真度

对一项干预的实施进行测量是为了判断它实施时是否具有保真度。一个构想良好的项目在实施时不具有保真度,将不能有可靠的效果。事实上,一个执行不力的项目是不应该被评价的,因为它不可能描述出引起这种效果的原因(如果有的话)。在本章中,我们将讨论在实验逻辑背景下的实施保真度。我们讨论了为什么研究者测量项目实施的数量和质量,以及如何建构实施测量,以忠实地运用项目模型。

如之前所指出的,**实施**(implementation)是指干预项目的执行。具有高保真度的项目是与项目理论保持一致的。**实施助推器**(implementation drivers)(影响项目保真度的因素)关系到干预项目实施的好坏(Fixsen, Naoom, Blasé, Friendman, and Wallace, 2005)。实施助推器包含许多因素,例如招募合格的干预执行者(如实践者)、培训、辅导以及他们从管理者和督导者那里获得的支持。此外,助推器的概念还考虑到了影响项目实施的环境因素,这些因素包括干预执行时所处的组织的氛围和文化。

保真度与干预研究阶段

在干预研究过程中,有效性实验和效果实验的主要差别在于,有效性实验中的研究者会使用各种手段去诱导实施的成功(Shadish,2002),这是一个艰巨的任务。研究者希望能够控制(支持)尽可能多的干预过程,因而确保项目能按预期实施。相反,效果测试中的研究者仅使项目实施在运转中,尽管咨询和协助在需要时可以提供,但却倾向于让常规干预执行者的实践来影响保真度。

保真度将干预的实施与效果联系在一起。保真度的定义是:一个项目遵循预期项目模型的程度。建立一个项目成功实施的标准——有时也被称为保真度标准——是循证干预成功推广的关键。毫不奇怪,不计其数的研究表明,项目效果与项目保真度有关(Elliott and Mihalic,2004)。越来越多的机构纷纷转向保真度措施的研究,以此来监测项目的执行,并向实践者提供实时的信息。从这个意义上讲,保真度的措施既引导与其同时存在的项目实施,又为实施的质量提供保障。对于研究者来说,保真度标准表明干预是否得到了充分实施,以此来保证测试的有效性或效果。保真度测量应该在两方面提供明确的项目描述:(1)所用程序的强度和质量;(2)这些程序如何与控制组或对照组中的项目参与者的经验相区别。与干预手册一起,可测量的保真度标准通过提供关于项目剂量、频率、强度和服务时间的信息,在项目的可复制性上提供帮助。通常情况下,研究者利用保真度准则来识别项目实施中的失败,有时还会发现一些负面的结果。在下一节中,我们将描述保真度测量的四个主要功能。

保真度测量保障了评估中对模型的忠诚度

保真度测量最常用于确定一个项目是不是按照项目理论详细描述的要求来施行。在评估项目效果时,项目测量可以检测到两种与保真度相关的问题:低干预保真度(low treatment fidelity),指在干预组中保真度很低;受损的保真度(compromised fidelity),即对照组证实了干预内容,不论它是通过无意干预扩散还是其他原因产生的。这种潜在的错误会导致干预研究中的经验法则:干预必须在干预小组和非干预小组中都要测量。邦德及其同事(Bond, Evans, Salyers, Williams, and Kim, 2000, p. 78)认为:"对实验组和对照组的实施遵循相同的研究维度,以确定干预差异化的度(度应该指的是结果的差异量),这一点非常重要。"比如,作为以教室为基础的社会性发展干预,"作出选择"项目在效果实验中由干预研究环境中的三年级教师提供,而对照组的教师使用原有课程。两个小组中的教师都被要求使用同一份问卷来测量他们对于社会性发展活动的运用。虽然干预组几乎所有的教师都表示社会性发展课程是按照每周的固定日程来进行的(这表明了"作出选择"中的高度"诚信模型"),但在对照组中有很大一部分教师也表示社会性发展课程会按每周的固定日程进行。在控制条件下,有关干预内容的呈现(即低水平"模型差异化")导致了研究的再概念化。我们发现,我们的研究是将以手册化研究为基础的课程与教师自发的非正式化课程相比较,而不是对实施或不实施社会性发展课程的班级进行比较。

保真度测量为项目预期提供了精确总结

开发保真度标准的过程也会通过间接的方式,促进项目的理论和形成。保真度测量工具本身有助于确立项目活动的操作性定义。即使当项目材料、准则和手册已经得到了充分开发时,保真度测量仍可作为对那些预期会出现的结果的精确总结。它们简洁地说明了必不可少的内容。

保真度测量有助于元分析

此外,文献中的保真度报告可以成为相似干预间元分析的一个关键因素。在元分析中,研究和项目在某种程度上根据实施的水平进行分组。当有效的保真度测量被开发出来,它们有助于差异化实施基础上的交叉研究分析。

保真度测量确定了项目模型中的"有效"成分

最后,保真度测量可运用于效度研究中,来确定项目暴露的临界值。它们可以帮助说明程序包的各个组成部分,以及确定干预的核心成分。它们为以下内容提供了基础:一是决定项目成分是否被充分严格地实施,以允许中介分析;二是有效性子集分析,在该分析中,接受不同程度干预的参与者的研究结果将被比较。

开发保真度测量

开发保真度测量需要两个阶段。首先,干预的保真度标准必须基于项目理论和先前研究来进行阐述。这个过程通常包括有关将实验性干预与日常服务相区分的项目成分描述。其次,实施的测量在保真度标准的基础上开发出来。这些测量表明,项目提供者的行动彼此之间是否具有相似性,是否着眼于相同的目标,是否作出相似程度的努力。实施的测量应将干预活动与控制或对照组的活动区分开来。

开发保真度标准

莫布雷及其同事(Mowbray et al., 2003)搜寻了精神健康、总体健康、教育和社会服务的相关文献中关于保真度标准和测量的相关内容。他们发现,保真度标准通常有三个来源:(1)特定的项目模型,包括一种明确表达的变化理论、项目材料和相关文献;(2)专家关于项目关键性标准应当是什么的观点;(3)定性研究,包括对项目高度熟悉的实践者或其他利益相关者。标准应当能够区分出干预的基本成分与干预中并不必要或作为干预一部分的活动。

从项目理论出发,指定的中介变量应当指导保真度标准的选择。通常情况下,数据可以帮助确定保真度标准。例如,从我们早期"作出选择"项目的测试结果可以看出,在教室中的学生完成项目手册并接受多于17.5个小时的干预(即"作出选择"课程),效果显然更好。因此,该数据为保真度的结构测量提供了一个基准:应完成整个项目并保证至少17.5个小时的项目活动时间。

保真度标准应包括规定可行的活动和禁止的活动两个内容(Bond, Evans, Salyers, Williams, and Kim, 2000)。想到在一个

第五章
步骤三和步骤四：从完善项目成分到测试效果

项目的描述中却包括被禁止的活动，是不是觉得很奇怪？不过，证据基础对于界定可能产生害处的活动正变得越来越强。举例来说，"作出选择"项目作为一种常规教室教育干预行为得到了研究支持，但尚未经过对具有攻击行为问题的学生同质性小组的检验——你可能会发现这种群体都会被挑选出来隔绝在教室之外。因此，"作出选择"项目的材料指导执行者在整个教室（或那些异质性小组）中实施项目。选择具有攻击性的孩子，并把他们归类在同一群体中是被禁止的活动。的确，这种行为与项目自身的理念完全不一致，也与研究文献所表明的对攻击性儿童进行分组有可能会导致偏常训练的这种观念不相符（Dishion et al., 1999）。虽然对一些特定的风险因素进行分组干预是可行的，例如，对攻击性行为分组进行干预，但是在相关的文献中，这一问题还存在争议。因此，将以下两种标准包括进来对项目的保真度而言非常重要：不仅有干预应如何被实施的标准，还应有干预应该如何不被应用的标准。

构建保真度评定量表

一个多方法、多资源的过程被应用于保真度的测量标准中。我们通常会开发两类工具：(1) 由项目专家基于他们系统化的观察、对干预执行者和实践者的访谈、项目报告和评分而制定的保真度评级；(2) 由干预执行者和项目参与者作出的自我报告，这种报告表明完成了哪些项目活动（Bond, Evans, Salyers, Williams, and Kim, 2000）。项目结构的测量与服务的持续时间和强度有关。

这些测量往往量化为项目干预的小时数。项目的呈现可通过多种方式来概念化：项目的部分（session）数、每部分的长度或者每部分覆盖的规定活动的数量。

项目实施过程的测量与服务执行的方式有关。与项目的数量（即结构的测量）不同，过程测量聚焦于服务的质量。过程测量包括：对规定项目原则的运用、参与者的参与程度，以及项目活动的质量评估。在对"作出选择"项目的评估中，我们对与结构相关的保真度的测量是依据实践者的自我报告，其中包含了提供课程所花费的时间总量，以及每堂课的具体活动。而对于与过程有关的因素，教室观察者在教师教授"作出选择"课程时在一旁观察。教室观察者通过使用观察评定量表，汇报以下内容：教师建立课堂规则的程度、运用行为反馈和间接指导技能的程度、使用不同行为管理工具的程度、遵循指导性草案的程度、与学生技巧性交流的程度以及有意运用小组和社会性互动的程度。除了这些观察结果，更多有关保真度过程的数据通过对教师整个学年以及项目完成后的访谈来获得。

在实践中测量保真度：多系统疗法

多系统疗法（multisystemic therapy，MST）是一个以家庭为中心的、得到了很好研究的干预，旨在治疗青少年反社会行为（Halliday-Boykins and Henggeler, 2001; Littell, 2005; Rowland, Halliday-Boykins, Henggeler, Cunningham, Lee, Kruesi, and Shapiro, 2005; Sundell, Hansson, Lefhölm, Olsson, Gustle, and Kadesjö, 2008;

第五章
步骤三和步骤四:从完善项目成分到测试效果

Timmons-Mitchell, Bender, Kishna, and Mitchell, 2006)。相对于大部分我们在本书中已经讨论过的疗法,多系统疗法是一个例外,因为这种疗法不是完全手册化和规定性的。因为这种干预技术对于一步一步的指导来说实在太复杂了,所以多系统疗法的草案基于九条实践原则,指导实践者制定干预项目。为了保证实施中的项目保真度,多系统疗法的创始人海格勒(Scott Henggeler)及其同事开发了一个广泛培训和保证质量的项目包,其中包括适用于组织实施多系统疗法的一套使用手册,这套手册服务于不同人群,有青少年治疗师,也有指导多系统疗法治疗团队的临床咨询师。此外,为了保持项目既定原则的高水平保真度,必须向多系统疗法治疗师提供咨询、培训和临床督导。

  为了测量实施的保真度,多系统疗法研究者为一定范围的项目利益相关者(即实践者、临床督导、顾问以及参与家庭)开发了评价和反馈机制。在每周举行的督导面谈中,由实践者提供多系统疗法实施的定性报告,专家顾问(在多系统疗法开发团队中发挥扩展型功能的角色)收集来自临床督导和治疗师的数据。实施保真度的量化测量通过运用治疗师依从性测量(Therapist Adherence Measure, TAM)的方法来收集,这种方法是多系统疗法研究团队为参与家庭设计的。治疗师依从性测量由 15 题组成,它提供了实践者是否遵循多系统疗法的信息(Henggeler and Borduin, 1992)。此外,多系统疗法研究者开发了顾问依从性测量(Consultant Adherence Measure, CAM),据此多系统疗法实践者可以记录他们的顾问的工作表现。在随机实验中,由照看者(caregiver)完成的治疗师依从性测量调查表明,较高的治疗师多系统疗法保真度可以预期积极的治疗效果,如改善家庭功能、降低犯罪率、减少无家可归现象。顾问依从性测量包括44个题目,分为三个分量表:感知顾问的能力、治疗师顾问联盟以及多系统疗法程序(Schoenwald,Sheidow,and Letourneau,2004)。舍恩瓦尔德及其同事假设顾问依从性测量和治疗师依从性测量与结果相关联。而且他们发现,当且仅当顾问在能力维度上得到高分时假设才会成立。出人意料的是,治疗师顾问联盟被治疗师认为是较低的多系统疗法原则坚持性(即较低的保真度),而且会产生消极的儿童结果。这些发现向项目开发者提出了警告,即顾问联盟自身在缺乏对项目模型保真度的情况下,不足以产生预期的结果。

在这个例子中,干预研究者是基于精心阐释好的项目理论和质量保证支持草案来制定保真度标准。他们开发出一些从所有利益相关者那里收集定量和定性数据的措施。作为社会干预领域的示范,海格勒及其同事的方法表明了保真度测量在照亮干预中的"黑箱"的效用。保真度测量让我们对干预过程有了更为细致甚至意想不到的理解。

连接有效性实验和效果实验:从研究到实践的挑战

干预研究的逻辑要求进行一系列序列测试,来开发一个项目,通过有效性实验来完善并确认项目成分,然后在实践场地测试项

第五章
步骤三和步骤四：从完善项目成分到测试效果

目的效果。一系列的研究之所以是必需的，是因为有效性是必需的，但对效果来说还是不够的（Flay，1986）。那为什么不跳过有效性测试，只进行效果测试呢？因为如果没有先确立项目的有效性，效果实验中的消极结果将很难解释——它们可能是一个项目模型失败的结果，也可能是项目实施缺乏保真度的结果。

不过，有一种情况，我们可以将有效性测试、效果测试融合起来，从而加强已被证实的项目将会更好地与现实世界的实践保持一致的可能性。格拉斯哥、利希滕斯坦和马库斯（Glasgow，Lichtenstein, and Marcus，2003）认为，许多为解决环境和组织因素而进行的有效性实验的失败已经导致"有前景"的项目的积压，这些有前景的项目在精心控制的环境下是有效的，但却并不适合现实实践环境。其中部分原因在于有效性实验被概念化的方式。有效性实验是为了使影响最大化而特意设计的，因此它们通常要控制那些会扰乱干预执行、接收和依从性的因素。正如我们在这一章所讨论的，这种控制可以通过许多方式来实现。在精心开发的项目理论指导下，研究团队在招聘参与者进行研究时是有选择性的。例如，研究者会排除那些共生条件下的潜在参与者，以及先前有服务失败记录的参与者。研究者有时会为参与者支付报酬，或者他们的干预具有会影响干预结果的现金转账的特征（参见第七章相关内容）。有时干预拥有多个就先前研究而言有意义的因素，但是这些合起来就太复杂了，从而不能被广泛采纳。例如，尽管一些多元化的犯罪预防项目已经表现出有效性，但是这些项目需要学校提供家庭服务;这就需要提供一种大部分学校区域要么没有强制政策,要么没有资源就可以去实现的干预方式(Prochaska, Evers, Prochaska, Van Marter, and Johnson, 2007)。

我们认为,如果干预研究的目标是加强研究与实践之间的连接,那么有效性实验也必须在实践环境中进行。尽管比例缩小了,但这些以机构为基础的有效性实验也需要有类似于效果实验的特点。他们应该关注到那些影响干预在实践中被采纳和保持的社会组织文化和氛围因素。这些混合实验应符合公共政策、实践指南、州和地方法规以及相应的补偿方案。在实践环境中进行有效性实验也许是解决以下两者之间差距的最佳途径:在小型实验室或以临床为基础的运行良好的项目数量与随后在社区环境中运行不佳的项目数量。作为项目设计和开发的一部分,我们必须在常规机构条件下评估一个项目的预期范围。这一问题将在下一章讨论。

扩展阅读

对干预研究序列实验方法的详细讨论,可参见 Flay (1986),对严格序列方法之缺点的批判性描述,可见 Glasgow et al. (2003).

Flay, Brian R. (1986). Efficacy and effectiveness trials (and other phases of research) in the development of health promotion programs. *Preventive Medicine*, 15(5), 451–474.

Glasgow, Russell E., Edward Lichtenstein, and Alfred C. Marcus. (2003). Why don't we see more translation of health promotion research to practice? Rethinking the efficacy-to-effectiveness transition. *American Journal of Public Health*, 93(8), 1261–1267.

有关研究方法和设计方面的问题可参阅如下三条文献:

Rossi, Peter H., Mark W. Lipsey, and Howard E. Freeman (2003). *Evaluation: A systematic approach*. 7th ed. Thousand Oaks, CA: Sage.

Shadish, William R., Thomas D. Cook, and Donald T. Campbell (2002). Experimental and quasi-experimental designs for generalized causal inference. New York: Houghton Mifflin.

Trochim, William M. K. (2005). *Research methods: The concise knowledge base*. Cincinnati, OH: Atomic Dog.

第六章

步骤五：传播研究结果和项目材料：循证实践的挑战

循证实践的挑战

本书是关于变化（change）的——本书基于研究来设计变化策略，并在实践中评估这些变化策略。我们认为，好的实践和好的研究是"完美的伙伴"，因为当研究能预示实践时，结果通常就会被提升；同样，当实践能预示研究时，被开发的项目就可能更适合目标人群和目标环境。过去的 100 多年，学者们一直在努力提升社会健康服务的科学基础——这些努力的成果现在正在显现。

但是，无论是聚焦于社会和健康问题的病因，还是为解决问题而设计的服务的效果，科学信息转化为实践很少如设想的那样。早期的结果常常是含糊不清的，干预也界定得很不准确；甚至当干预看似有效时，它们却是"黑箱"（black box）——对于为什么它们会成功，没有明确的解释。幸运的是，这种情况开始改变，因为研究者已将干预建立在特定的假设机制上，以此来调节风险和结果，这导致更为集中的干预和日益增长的有前景的发现。

尽管有这样一些优势，但从知识到实践的迁移过程仍痛苦而缓慢。事实上,当前健康和心理健康领域中使用的实践策略可能落后于研究知识约 15—20 年(Brekke, Ell, and Palinkas, 2007; Institute of Medicine, 2001)。为了缩小这一鸿沟,我们更需要考虑干预研究的传播问题。当一个新项目从早期设计进展到试点测试,然后通过有效性实验和效果实验,我们需要预测到偶然发生的事会影响到它在真实世界中的运用。布雷克及其同事(Brekke et al., 2007, p.123)把项目的传播分为两个阶段:"阶段一包括把基本的科学知识迁移到人类研究的应用中,包括临床干预的有效性和效果实验。阶段二的转化研究,旨在提升社区可采用的最佳实践。"

循证实践把研究结果与临床判断整合在一起

循证实践运动促进了将研究知识融入常规实践的做法。循证实践起源于医疗领域,但很快被健康领域以及与健康领域相关的其他专业引入。而且,一份来自美国国家心理健康研究所关于心理健康领域研究和实践融合的报告表明,循证治疗与循证实践之间有显著差异(Institute for the Advancement of Social Work Research, 2007)。这一区别强调循证治疗是那些经过严谨科学实验的反复验证并对某一特定人群有效的实践。

与此相反,循证实践指的是一个明确的过程,这个过程是基于当下可得到的证据而作出与实践相关联的决定。图 6-1 表明,循证实践包括在作实践决定时需要考虑的一系列因素,包括循证治疗、其他研究、当事人偏好、实践环境以及实践者的专业知识和经验(Haynes，Devereaux，and Guyatt，2002)。图6-1描述了在循证实践中发生的复杂互动。这一模型对个体、家庭、小组、组织和社区层面的干预都是可用的。实践者首先明确当事人呈现的问题和所处环境(包括环境支持和环境限制)以及当事人带给环境的优势。与此同时，实践者必须探索和澄清当事人的偏好和需要。当事人对问题形成的观点和对干预计划的偏好是循证实践中很重要的因素。循证实践前两部分的模型是实践者在恰当数据基础上进入研究的一个阶段，是与已提出的问题具体相关的。

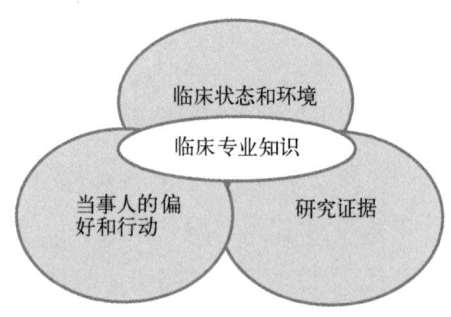

图6-1　循证实践决策模型

(来源：Haynes，Brian，Deveraux，and Guyatt，2002，pp.38-38.)

循证治疗的选择和研究都是问题导向的，是经过实践者和当事人共同讨论确定的。实践者会发现一些潜在的循证治疗对问题和当事人适用，但是实践者也可能会发现没有明确建立的或偏好的循证治疗。而且，即使有恰当的循证治疗，也可能会由于费用太高、太复杂或者完全超出研究范围而变得不可行。那应该怎么办呢？回

第六章
步骤五：传播研究结果和项目材料：循证实践的挑战

顾一下之前说的，循证实践是建立在当前最容易获得的证据基础上的。这是一条与循证治疗最接近的策略，实践者在伦理上有义务去选择最容易获得的干预策略。循证治疗的可获得性由以下因素决定：机构政策、循证治疗费用以及实践者是否能够或可能在接受训练后能够使用循证治疗（这很可能是最为重要的因素）。我们相信，训练（这将在本章稍后讨论）是循证治疗传播中的关键。

所有这些都受实践者的经验和专业知识影响。实践者的知识和技能对循证实践在整个过程中的成功都很重要，包括评估、倾听和对当事人偏好的反应以及了解和应用循证治疗都必须以专业的立场来进行。在精心营造的专业关系背景中，专业技能才能促进积极的改变。因而，循证实践界定实践决策过程是建立在可利用的循证治疗、实践者的专业知识以及当事人偏好基础上的一种引导干预选择的过程（Sackett, Rosenberg, Gray, Haynes, and Richardson, 1996）。毫无疑问，循证实践关注基础和应用科学中产生的知识可否被迁移到实践，以及迁移后的知识——无论多么令人信服的有效——是不是可用的。

很不幸，我们知道的关于循证实践的应用越多，就越清晰地知道循证治疗在真实世界实践中是以不被接受的极慢速度来渗透的（Fixsen et al., 2005; Glasgow et al., 2003）。总的来说，当前最佳的循证治疗在实践中都不可获得。学校成功档案及其实践框架——对个体和学校的评估采用了一种全新的评估草案，它是根据搜集的循证治疗和循证实践文献开发的——在许多小学、初中和高中被开发出来。开发者认为,由于学校成功档案被认为是有用的,因而以学校为本的实践者将会采用这个项目,但是事实并非如此。对学校成功档案的运用滞后是很普遍的现象。事实是,把干预推广到社区是很困难的。推广不会在自然事件的进程中发生。学校成功档案的研究者从中得到的教训是,循证实践的吸纳在很大程度上受实践的组织和社会政治背景的影响。亚伦斯(Aarons,2004,p.62)在总结这一情况时指出:"必须理解和考虑采纳了循证实践(主义)的提供者的态度,他们深植于复杂的组织背景……服务系统中。"

循证项目实施的阶段

过去十年中,转化和改编问题才成为一个严重的实践问题并受到重视。而直到最近,美国联邦政府和基金会的一些主要资源才分配到这个主题的研究上,包括发放项目资料、具有保真度地实施、改编以适应不同的背景或文化。这些研究努力构成了一个新的领域——在未来几年,我们将从这个领域学到很多。至少我们暂时可以将项目层面上的实施看成由五个连续阶段组成,这五个阶段包括由可能的采用者随着时间的推移从潜在项目的探索到项目的采纳和维持(Fixsen et al.,2005)。根据费克森及其同事(Fixsen et al.,2005)的观点,这些阶段包括:(1)探索和采纳;(2)项目安置;(3)启动实施;(4)全面展开;(5)持续性。为了避免与干预研究的五个阶段或手册开发的四个阶段相混淆,请注意:这五个阶段仅仅是指实施一个已建立的干预项目的过程。

第六章
步骤五：传播研究结果和项目材料：循证实践的挑战

第一阶段：探索和采纳

为推动探索和采纳的发生，组织中的某个人必须意识到革新的价值。一个实践者或管理者可能已经阅读了杂志中的一篇文章，参加了一次关于研究的会议，与同事谈论过新的和可行的实践改革，或者评论过一个广告或促销宣传材料。这些信息通常会促成一个评估性过程。在一个组织采纳任何一个项目之前，都必须评估项目和目前实践的适应度以及研究的成本。成本包括购买资料费、培训费以及完成过程中的机会和时间成本。组织管理层领导的赞同是非常有帮助的。学校成功档案项目的设计者发现，如果能得到一个区域主管或学校校长的认可，那么学校成功档案项目就更有可能被采纳。

第二阶段：项目安置

一旦组织作出要实施某一项特定革新的决策，项目的安置阶段就开始了。实施过程中必须包括专业的员工，资源需重新调配，实践者也必须进行培训。同样重要的是，必须营造一种有利于促进干预和维持干预的氛围。我们发现，实践者常常对干预满足于"经检验证明可靠的"("tried and true")方法，鼓动他们去尝试新的项目对他们而言是一种挑战。为了克服这一挑战，采用新方法的实验过程必须伴随持续的培训、督导、组织支持、指导性领导和反应性领导，并通过组织政策来强化实施的过程（Aarions，2004；Fixsen et al.，2005）。

第三阶段：启动实施

在这一阶段，创新已经整合为组织的一部分。整合包括维持组织在人员编制模式、行为预期（例如，实践者所需的知识和技能）和督导（Fixsen et al.，2005）。在学校成功档案案例中，收集到的数据需要向与学校人员一起工作的家长和学生进行解释，确定所要解决的问题和将要使用的潜在干预。这种开放的、包容性的参与需要从业人员与服务对象之间的合作。

一个新项目的成功实施与干预和社会环境中社会组织特性的契合度有关。最近的数据显示，组织文化和组织氛围与循证干预的实施直接相关（Glission et al.，2008a，2008b）。组织文化由工作预期和形式化水平构成。不良的项目实施更可能在僵化的层级制和低成效预期的环境中产生。组织氛围由工作压力、同伴合作以及对个人成就的强调等心理学构念组成。在高压力、低合作以及低业绩回报的环境中，都不可能产生保真度高的干预。因为这些环境特征在有效性实验中没有得到很好的控制，干预的实施就会受到环境氛围和文化的影响。这就表明，为推进传播，我们必须考虑在社会结构和组织内操作过程（在其中，我们期待实施可以出现）方面的干预的需求特征。

第四阶段：全面展开

在传播和采纳的第四阶段中，干预不再被看作是一种革新。项目被理解为组织内的常规部分，并整合进社会政治背景中（Fixsen et al.，2005）。在学校成功档案项目全面展开阶段，实践者、学生和家庭都将看到学校成功档案的管理部门"照常营业"（business as usual）。

第六章
步骤五：传播研究结果和项目材料：循证实践的挑战

第五阶段：持续性——保真度与本土化改编

一旦全面展开，一个新项目必须保持保真度。不过，一个项目落实且已被整合进常规后，工作人员可能会尝试去改变它。改变之所以会出现，是因为新的成员没有接受过训练，或者与那些初始阶段参与的人相比，接受的训练相对比较少，一些成员可能不忠实于项目，或者有些人急于提高结果或者强化项目与组织内突发事件、社区民俗和期待、公共政策等因素的适应度。当发生了这种性质的项目改变，我们有时称之为**项目漂移**（program drift）。但是，当项目因为实践者有目的地调整循证治疗，以提升与当地实践环境的契合度而发生改变，我们称之为**本土化改编**（local adaptation）。

在保真度与本土化改编之间常有一定的冲突（Eillott and Mihalic，2004）。这就出现了一个重要问题：一旦干预全面实施，当地的实践者是否需要改变它，以适应特定的社区、当事人或者环境？一方面，我们可能有研究证据表明，干预——如开发者一开始构想和实施的——往往产生可预见的结果；另一方面，该领域的专业工作者得出结论认为，干预中的改变会带来更积极的结果。这些实践者常常具有高度的专业性，而且对人群和环境有广泛了解。因此，本土化改编很有价值，并指向一些未解决的问题领域和重要的实施问题。不过，这些本土化改编也可能损害项目的效果。事实上，因为改变是未经测试的，因此它们可能与循证实践过程不一致。持续性（sustainability）反映出要保持保真度与本土化改编之间平衡的挑战。埃利奥特和米哈利奇（Elliott and Mihalic，2004， p.51)强调:"已有研究证实保真度与效果相关,任何放弃保真度的做法都将极有可能降低项目的效果。"

提升相关性和范围的文化改编

考虑到保真度和本土化改编之间的冲突,毫无疑问,需要更详细讨论循证治疗的文化改编。循证治疗开发之初的人群与循证治疗可能被运用的人群之间经常存在差异,而且可能成了一个限制项目相关性和范围的障碍。改编一个项目可以提升它的吸引力,而且当它被执行时,可以提升参与者对项目方案的支持度。例如,利用循证治疗去服务相关的民族和少数群体,一般而言改编可能具有这样的潜能:减少相关种族与民族群体之间的健康差异。让我们来看当前在美国的一个事实:25%的人口在获得健康护理方面存在显著差异,这些差异增加了患病率(如癌症、糖尿病、物质滥用和心脏疾病),降低了他们对生活的期待,因此,旨在提升文化相关性和保障健康结果的项目改编,对整个国家具有重要意义(National Institutes of Health, 2006)。但是,批评者强调应该限制改编的范围和数量。提出这些批评意见的人认为,任意的改编有损项目过程,而且我们通常缺乏可靠的数据来作为确定项目内容和程序变化的基础(Lau, 2006)。

由于美国人口的多样性,以及对将循证治疗扩展到其他国家和文化中的渴望,循证治疗的传播不可避免地会输送到那些我们没有任何或仅有一点关于项目有效性证据的人群中(即从来没有经过项目测试的人群)。在这种环境中,有两种改编是正当合理

第六章
步骤五：传播研究结果和项目材料：循证实践的挑战

的。第一种改编，旨在提升组织权变的兼容性（Weisz, Jesen, and Mcleod, 2005）。这种改编最好在项目开始的时候进行，最好由理解服务系统以及服务人群的管理人员和项目专家来执行。第二种改编涉及修改项目以提升它的文化一致性。这两种改编都是系统性的，应该根据可得到的最佳证据来进行。这两种改编都会使循证治疗不仅更适合环境，而且能更灵活地提供不同选择进行内容的改编以提高吸引力而又不损害有效性。

维持改编与保真度之间的平衡是一项有挑战性的任务，因为它要求全面理解社会和健康问题、作为循证治疗基础的项目理论，以及在目标社区中运行的中介机制。如果我们采纳了这一观点，那么至少在以下两种环境中，改编是正当合理的（Lau, 2006）。首先，当我们知道风险因素和保护性因素因文化不同而不同时，必须进行改编。尤其是，有关具有文化特殊性的保护性过程的知识，是提高与循证治疗相关的变化理论的基础。例如，我们有很有力的证据表明，牢固的家庭纽带在拉丁美洲裔移民过程中，有力缓冲了孩子们可能遭遇的逆境。这样，当一个已经经过验证的教养项目在拉丁美洲裔移民社区中进行时，项目就需要改编，增加家庭主义（familism，这是拉丁美洲的一个概念，指对家庭利益的考虑先于个人利益）的内容（Bacallao and Smokowski, 2005）。其次，当一个社区认为干预社会效度低时，也需要进行改编。也就是说，当服务对象群体没有发现预定的干预具有有效性，因此拒绝参加项目。有很多因素影响参与率，这些因素在不同种族和民族之间有差异，包括对特定处理模式的接受程度、对系统的不信任、与不同干预相关的歧视性标签。当项目专家知道一个循证治疗的范围和参与该循证治疗可能会受到社区舆论的负面影响时，必须进行改编。改编可能包括对干预理解的重构，这样已存在的不良因素便可以变得受欢迎。当然，最大的挑战是提升文化的适应性而同时又不牺牲或误解项目因素的有效性。

文化改编是否提升了效果？

前面对改编的讨论主要聚焦在提升文化适应性和文化一致性，以强化项目的范围、发展和保持。干预可能进行改编以扩大有效性，有没有这样的情况？虽然这富有争议，但答案可能是肯定的。我们来看一个父母教养的培训项目改编的例子，它建立在一系列针对欧裔美国人、非拉丁美洲家庭的研究基础之上。作为一个团队，俄勒冈社会学习中心的工作人员和社区同伴重新审阅了项目以使项目适应俄勒冈拉丁裔家庭。他们为了找出概念与理论之间的相关性（例如，针对亲社会行为的积极强化概念对拉丁裔家庭是否适用或相关？）以及操作相关性（例如，我们教导父母的方式是否在文化上是敏感和相关的）而审阅了项目。这个小组开发出了一套新内容来探讨文化特定的风险因素和保护性因素，他们向那些对项目策略、项目术语和实施方式提出反馈的拉丁裔父母提供了改编后的项目。通过这些群体，他们作了一些决定，例如，称干预执行者为教练，而且父母赋权的主题也被融入到内容中。对赋权的强调被看作是强化了传统的父母角色，而且也在文化适应期间提供了支持，在这个时期很多父母都感觉和他们的孩子疏远了,他们的孩子正努力更快速地学习英语并结交非拉丁裔的朋友。改编之后的教养项目产生积极效应的程度与初始研究已观测到的程度相当,而在父母教养项目的最初研究中,不包括拉丁裔的参与者(Martinez and Eddy, 2005)。初期的证据显示,细致的、研究导向的改编不仅可以促进有效性的范围和保持,而且也影响有效性。

如图6-2所示,当干预的证据表明,问题不仅具有广泛关联性而且因文化或背景性不同而产生不同的风险性和保护性进程与结果时,文化改编以扩大有效性是合理的(Barrera and Castro, 2006)。当一个问题受到这两种过程的影响时,每一种过程都会影响到循证治疗的选择,正如图6-2所示,可能会影响到干预的内容。这一框架把各类文化或背景中共有的风险过程与那些和特定文化、亚群体及社区相连的风险过程区别了开来。当支持文化或

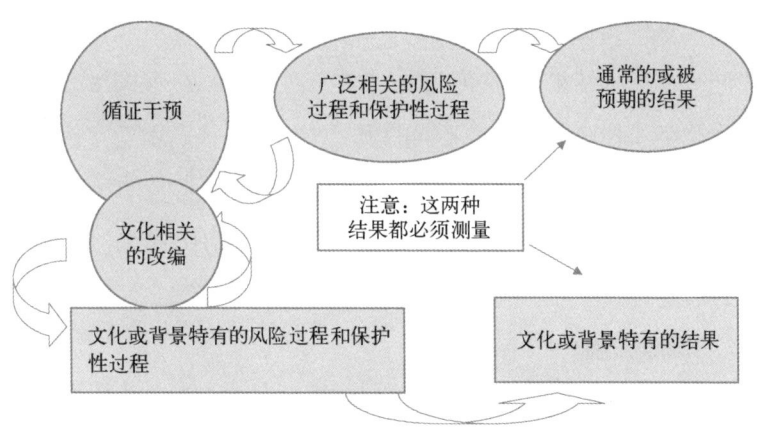

图6-2 循证干预改编的概念化框架

背景方面的特有过程的证据非常有力时,不仅普遍或期待的结果会因文化的典型危险和保护过程没有被发现而被压抑,而且其他高文化相关的结果也可能不会被发现或测量。

例如,在俄勒冈社会学习中心的研究中,如果文化特定的风险过程和保护性过程和结果得到了处理,有效性就会扩大。在巴雷拉和卡斯特罗(Barrera and Castro,2006)使用的例子中,一个为抑郁问题而设计的循证治疗项目,被改编以适应拉丁裔人群。研究数据表明,那些共同的风险过程,例如,与父母支持和家庭交流相关的共同的风险过程,对即将进行的拉丁裔项目参与者来说也是一样的(例如,家庭主义——将家庭的兴趣、价值、需要置于个人的兴趣、价值或需要之上——与抑郁循证治疗一致)。另外,数据表明,一种独特的风险过程可能通过与移民相关的压力而表现出来。在这个例子中,与特定文化相关的元素被开发出来,以处理移民压力这个文化方面的特定中介变量。移民压力被概念化为一种影响预期项目结果(即抑郁问题)的中介变量;不过,移民压力也被概念化为一种影响文化性不同的项目结果——移民困境。从这一观点看,循证治疗的有效性通过考虑到文化方面特有的风险过程和保护性过程而被潜在地扩展。正如图 6-2 所示,结果测量与这些过程相关。

其他的改编

用以提升文化一致性的项目改编是干预研究有着浓厚兴趣的领域。而且,这一领域研究有可能预示一些其他类型的改编。如果

第六章
步骤五：传播研究结果和项目材料：循证实践的挑战

我们采用新观点——当支持其他中介机制的证据更强有力时，改编是正当合理的（例如，基于文化、种族或民族的受调节的中介机制），那么我们便可以相信，基于其他潜在中介变量（如社会阶层、职业以及居住区的人口密度）的改编就可启动。在一些社区中，这些中介变量可能指的是不同的调节渠道，为项目的改编提供新的机会。

不过，改编是富有争议的，因为至少在一定程度上，改编基于的证据通常很微弱。当改编恰当时，它就是一个包含了项目、组织和社区背景的问题专家、问题相关的研究、文化相关的改变理论的系统过程。另外，改编如果恰当，就会增进效率，同时也应该会提升循证治疗实践的目标范围、有效性、采用、实施和维持（Jilcott, Ammerman, Sommers, and Glasgow, 2007）。

项目的改编作为常规实践的一部分，可以被看作一个探索、实验以及融入机构运行的过程。新的干预在传播和实施时，必须通过实践者、当事人以及其他人实施非正式运行测试。事实上，正是这些很少被讨论和很难被理解的非正式测试或标准，可能会阻止很多以研究为基础的项目的实施或采纳。

影响项目实施和采纳的因素：传播的五个标准

我们已经讨论了循证项目的五个实施阶段以及有关项目的文化改编的几个问题。当我们考虑开始一个项目时，很清楚的一点是，影响一个干预项目最终命运的因素与研究证据仅有很弱的相关性。这些因素包括那些影响一个项目是否全面实施并持续一段时间的因素，以及那些影响一个项目是否可以从研究顺利运用到实践的因素。换句话说,影响一个项目传播的因素并不与以下内容相关:项目理论的深度、有效性实验中观察到的干预效应大小、中介分析的成熟度,或者发表研究成果的杂志质量。通常情况下,决定一项干预最终命运的因素与实践的组织和环境背景直接相关。或许这一现象解释了研究知识与真实世界中的实践之间差距存在的原因。根据罗杰斯(Rogers,1995)的观点,一项新干预在可能付诸实践实施和持续进行之前必须满足五个标准。正如本书第二章所言,一项新干预要想成功传播必须:

1. 优于常规服务;
2. 与机构实践相协调;
3. 不会比现存服务更复杂;
4. 容易尝试(失败了容易拒弃);
5. 可能产生被当局认为重要的有形结果。

因为开发一个新项目的目标是提升实践的结果,因此有效干预的广泛采纳可能是干预研究的次要目标。考虑到实施循证治疗的阶段以及面对文化适应的挑战,一个新的项目必须满足这五个标准中的一些或全部。下面对其中的一些标准作些阐述说明。

优于常规服务

第一个标准是一个项目必须优于常规服务,这一标准通常会受到很多的关注。确立一个项目的优越性是,基于控制条件(有效性实验)下以及大规模实施条件下与项目成分的测试(效果实验)密切相关的标准,尤其是当实验使用了一种控制条件下的常规治疗时更是如此。事实上,罗杰斯(Rogers,1995)认为,这一标准只有在以下情况下才能被满足:有效性实验和效果实验中的对照条件构成了常规服务。也就是说,新的项目必须表现出比目前可获得的常规服务有更好的结果,而不是表现出干预项目结果比一种非干预条件更好。为了说明这点,研究者必须收集有关常规服务的数据。我们必须理解常规服务,以及目前的服务在何种程度上与实验服务相似或不相似。例如,在最近一项关于"作出选择"项目的研究中,我们很惊讶地发现,多数教师在常规治疗控制条件下汇报的他们使用的内容与我们的干预资料是很相似的。常规治疗中的教师对帮助孩子解决他们的社会问题很有兴趣,他们曾探寻过与"作出选择"很相似的材料。因此,为了迎合第一次测试,我们必须证明"作出选择"项目优于包含常规社会指导的"常规服务",而不是表明"作出选择"比没有社会指导的课堂内容更优。

与机构实践相协调,不会比现有服务更复杂且容易尝试

如果一个新的项目或服务将被采纳,那它必须与现有的实践相协调,除非这些实践被认定是无效的。如果一个服务要求的态度和信念与常规实践相悖,或者一个项目与普遍接受的风俗相矛盾,它不可能被采纳。实践者如果认为新的方法与他们的专业价值观、组织实践以及对文化、道德、种族及影响实践的社区问题的理解不一致,那他们不可能采纳这个新干预。

同样,一种被推荐的新干预应该不比已有的项目更复杂。如果一项干预不要求大量的再培训或者在机构政策方面作重大调整,

148 那么这个干预项目被采纳的可能性就会大很多。一种新干预容易被理解和合理执行的程度将会提升初期被采纳的可能性。我们后面将会再继续讲这点,因为尽管一些干预更加复杂,但它们有提升实践的潜质,这个潜质是指他们能保证促进普及所需的特殊策略。在我们看来,我们不应该把循证实践只限制于那些与常规治疗具有同等复杂性的循证治疗。

最后,那个被认为容易尝试——必要时,容易被拒弃——的干预,更有可能被测试。而那些在项目实施之前,就需要投入大量时间的干预研究,更有可能被认为太困难而且太消耗时间而不被试行。也就是说,总的看法就是,如果项目被证明不合适而面临被拒弃的可能性,那么与其投入大量的时间在里面,还不如放弃整个项目。这并不表明需要被改变的循证治疗就不能被实施,只是在宣传上花更大的努力和投入(commitment)。提前认识到这一点并把它纳入考虑的范围是明智之举。

在传播干预阶段,实际的考量在传播过程中与研究结果的力度一样重要。从实践者那里搜集到的有关现实世界的数据(比如实施的容易程度以及与目前组织结构的契合度)对于干预的宣传是很有用的。宣传和培训材料应该包括利益相关者关于培训、用过的材料、权利和义务、使用的便利性和终端用户满意度的报告。例如,已经采用新的干预方案的机构管理者可能会被邀请对以下内容进行评论:使用便利性、投资新设备和技术的需要,以及员工培训和招募的运用。这些评论可能会被用在应对传播挑战的一个传播计划中。

可能产生有形的结果

一旦实施,循证治疗肯定会产生想要的结果,而且这些结果一定是可测量的。利益相关者将如何知道积极的结果已经实现?新项目要实施多长时间,实践者才能看到变化的出现?这些都是很难回答的问题。实践者和其他机构的员工应该考虑什么样的结果能定义为切实的成功,并用恰当的方式来追踪这些变化。对中介变量和研究结果都给予引导的干预更有可能被采纳。

在干预研究过程中实践者和研究者的角色

干预研究根植于实践。为了确保识别出相关的实践问题并开发出与背景相关的干预,在干预研究的五个步骤中实践者和研究者的合作都很有必要(Galinsky, Turnbull, Meglin, and Wilner, 1993)。这就是我们马上要阐述的关于合作的话题。在图 6-3 中,我们阐述了在干预研究的每一步里研究者和实践者的角色。

第一步:明确具体问题并开发一种项目理论

在这一步,实践者和研究团队一起工作来解释并确定研究所关心的问题或领域。实践者可能是识别一个紧迫的问题并与研究者一起将问题阐述清楚,或者面对一个已经确定的问题,实践者只是充当一名顾问。实践者对实践环境和历史背景有即时的了解,也就是说,他们知道一些具体的干预在过去是否成功。研究者帮助确定并澄清问题,回顾文献,用数据库的方式将已确定的关注点

```
┌─────────────────────────────────────┐
│ 1. 明确具体问题并开发一种项目理论    │
│ 研究者的角色：识别一个需求或问题领域，│
│ 并用现有研究将问题放置在一个理论和知识│
│ 的背景中，包括改变理论和逻辑模型的开  │
│ 发。                                 │
│ 实践者的角色：基于实践的创新能够指向新│
│ 的干预的发展。                       │
│ 实践者和研究者一起确定所关注的领域并提│
│ 供实践的背景。                       │
└─────────────────────────────────────┘

┌──────────────────────────┐  ┌──────────────────────────┐
│ 5. 传播研究结果和项目材料 │  │ 2. 创建并修订项目材料    │
│ 研究者的角色：提供零星的咨│  │ 研究者的角色：用一个基于目│
│ 询。为实践者开发一个培训课│  │ 前最好证据的改变理论来对干│
│ 程，以便实践者能高保真度地│  │ 预策略进行概念化；和社区、│
│ 将干预应用到新的环境中去。│  │ 实践者以及其他利益相关者合│
│ 实践者的角色：在机构或者社│  │ 作创建项目材料。         │
│ 区中实施项目。在系统调整策│  │ 实践者的角色：依据机构、政│
│ 略以适应文化、背景或其他因│  │ 策以及影响实践的更广泛的背│
│ 素时，保持项目保真度。    │  │ 景因素来提供投入。咨询和创│
│                          │  │ 造材料。                 │
└──────────────────────────┘  └──────────────────────────┘

┌──────────────────────────┐  ┌──────────────────────────┐
│ 4. 在不同实践背景和环境中 │  │ 3. 完善并确定项目成分    │
│ 评估效果                 │  │ 研究者的角色：通过将干预带│
│ 研究者的角色：在实践背景中│  │ 到实地并控制它的草案来开始│
│ 与实践者一起讨论以在真实环│  │ 实施项目有效性测试。当需要│
│ 境中实施干预策略。当在一个│  │ 的时候修改项目成分。     │
│ 机构中，在常规服务的情况下│  │ 实践者的角色：完全保真地实│
│ 实施时，研究者需要确定项目│  │ 施项目。基于实施为修改项目│
│ 的有效性。               │  │ 搜集质性数据。           │
│ 实践者的角色：在一个机构或│  │                          │
│ 者社区背景下实施干预时起带│  │                          │
│ 领作用。                 │  │                          │
└──────────────────────────┘  └──────────────────────────┘
```

图 6-3　干预研究阶段的概念化以及数据驱动的实践合作

放置在理论背景中来解释项目理论的发展过程。

第二步：创建并修订项目材料

在这一步，研究者和实践者合作来使干预策略概念化，并开发根植于改变理论或逻辑模型的项目材料。实践者促进了关于机构设置、编制约束、政策限制、当地文化因素以及影响实践之社区条件的知识和理解。研究者往往主要负责写项目手册和素材,将最好的可行研究证据整合到项目材料中。

第三步:完善并确认项目成分

第三步开始于在社区机构或者另一个组织或现场环境中测试这一过程。在这一步,要对项目材料进行试点测试,使项目不断完善。干预成分的试点测试之后通常是小型的控制实验。这是研究中一个不断反复的阶段,在这个阶段需要做多个实验。研究者在研究发现的基础上高度集中地对实施和测试过程进行监管,并修订项目成分。通常情况下,实践者会按照设计来实施项目,并向研究者提供关于内容(包括一个项目需要被修改的部分)的持续反馈。实践者和研究者的合作在完善项目材料和优化项目效果方面是很重要的。在这一步,各种各样的资源和努力都指向实践者为优化效果而对项目的保持(retention)和持续的一致(continued compliance)。这些包括提供激励性的报酬来鼓励研究参与者,提供交通工具来减轻参与者的负担,加强对干预的依从性(adherence),并通过项目开发者的督导来确保与项目要求一致。

第四步:在不同实践背景和环境下评估效果

在第四步中,研究者更多的是充当传统的项目评估者。他们很少参与到项目的提供中,而是更多地参与到对数据的搜集和分析中。从实践者那边得到的反馈将继续成为研究过程的一个关键因素,因为项目内容在实验组和控制组(或对照组)的实施,都必须被监控。尽管干预在评估阶段是不允许改变的,但还是需要搜集质性的数据,并将这些数据用在评估项目总结阶段,以指导对干预的进一步完善。

第五步:传播研究结果和项目材料

在干预研究的第五步,我们通常认为实践者是以这样的方式负责循证治疗实施的:保存使项目有效的必需要素。同样,我们通常认为项目开发者要继续完善培训课程,而且那些具有创新精神的开发者可能也会开发新的培训。

正如已经讨论过的,传播是一个复杂的过程。研究和实践的差距受到很多组织因素的影响,包括用于专业发展的时间不充分,以及不支持创新的工作氛围(Henderson, MacKay, and Peterson-Badal, 2006)。循证治疗的采纳并不仅仅是实践者或研究者的责任,这一点变得越来越明显。事实上,干预研究方案的采纳在很大程度上受到国家层面决策的影响,这些决策可能是关于医疗或其他项目资助的各种服务的,包括在医疗照顾组织中的私人第三方支付。研究者有责任使他们的项目材料可以获得。出版社有责任出版干预手册。专业学校有责任教授循证治疗。专业组织有责任倡导使用循证治疗。机构有责任采用循证治疗,并提供与循证治疗相关的专业开发。国家有责任制定支持循证治疗的公共政策。所有这些都表明了一个核心问题:没有任何一方能独立承担传播和转化循证治疗的责任。

从研究到实践:弥合差距

对实践创新的传播是这样一个过程,它包括将以研究为基础

第六章
步骤五：传播研究结果和项目材料：循证实践的挑战

的材料转化成便于实践的草案，以及改编以研究为基础的材料来提高它们与实践环境（如人群）的契合度。改编是一个具有挑战性的过程，在这个过程中，循证治疗的核心元素必须得以确定并保存下来。针对不同的环境或人群来改编项目，应当由一群熟知新人群且熟知项目理论的人来做。也就是说，改编团队必须具备作为干预之基础的研究知识，而且这些知识必须与实践经验相结合。但是，改编和转化（translation）并不一定会导致方案的传播。事实上，有关循证治疗的文化上契合的材料还没有被实践者运用，却已被广泛传播。确保循证治疗被用在实践中，这又是谁的责任呢？

事实上，没有哪一个人或者组织有能力监督和确保循证治疗的采纳和运用。循证治疗的传播必须成为国家部门、当地机构、专业学校和专业组织的共同责任。如果最终目标是采纳和保留循证治疗于实践中，那我们需要考虑的问题是，我们是否具备关于人们如何准备成为实践者这一知识。这种准备往往包括专业的培训。在几乎所有的专业中（贸易专业可能不同），知识和技能都是在学术和实践环境中一起开发出来的。这个训练模型根植于一些学习理论，它通常被用于医学、护理学、心理学、公共健康和社会工作专业。在社会工作专业，学生们通过各种教学实习项目（这大概相当于他们专业训练的三分之一）来获得社会工作硕士学历。毕业之后，专业的训练还将继续，一些机构和专业的组织内还提供专业发展课程。因此，实践是一个松散连接的影响体系的产物,这些体系包括专业教育、专业发展、机构环境和实践、公共政策以及在服务体系内广义上定义服务的实践指南。因此,如果我们希望去改变实践,我们得去借鉴一些关于人们怎样学习和系统怎样改变的知识。改变实践需要系统层面的干预。

许多州已经开始认识到这个问题,而为了回应这个问题,他们正开始开发新的基础设施,来弥合研究和实践的差距。例如,纽约创建了一个循证治疗传播中心。这个传播治疗中心始建于2005年,它主要负责在州精神健康系统中提升孩子和家庭临床照护的质量(North et al.,2008)。州精神健康办公室通过一份合约对哥伦比亚大学开发循证治疗传播中心进行资助。哥伦比亚大学开发了一个基于研究的项目,表明循证治疗的教育暴露(exposure)以及循证治疗具有的自我效能感是项目采纳与否的预测因素(Henderson et al.,2006)。传播中心的职员以学习理论视角开发了一个干预传播方案,这个干预传播方案包括教学内容和继续加强循证治疗的实施。循证治疗传播中心的目标是很宏大的:在一年中提供400个社会工作者和其他有过循证治疗培训经验的临床工作者。尽管正式的评估还没有完成,但最初的数据表明循证治疗传播中心在培训纽约的工作者方面是成功的,他们用了两个循证治疗——对抑郁和创伤的认知行为干预。

纽约的策略是基于格拉斯哥及其同事(Glasgrow et al.,

2003)提出的RE-AIM的观点。RE-AIM来源于这样一个观点：提升已经被证明的干预的影响范围（reach）、有效性（efficacy）、采纳（adoption）、实施（implementation）和维护（maintenance）需要不同的策略。建立影响范围包括理解环境和目标群体，以一种文化参与和对背景敏感的方式来呈现循证治疗。加强有效性包括用一步步的方法来逐渐地建立知识和提供持续的技能评估和反馈。循证治疗传播中心采用分步走方法，先提供一个初期的研讨会，继而以小组电话督导方式来跟进。促进采纳包括证明循证治疗优于常规服务，与现有的机构实践兼容，不比现有的服务复杂，容易尝试，很可能产生实际的、可测量的结果。正如我们在第五章中讨论的，确保实施需要建立保真度的基准和实施质量保证反馈系统。最后，确保在实践中维护一个已被证明的干预方案需要追踪的绩效评估，在基准线上实施组织激励，以及一个政策环境，即循证治疗的补偿足以支持雇用和培训合格的专业工作者。

总结

系统间以及系统内的合作是传播的关键。好的想法、质性研究、丰富的实践知识、对文化细微差别的理解以及最佳的目的，都不能单独促使RE-AIM结构的完成。我们认为，合作对于研究者、行政人员和实践者来说是一个令人兴奋的机会，因为合作，他们可以一起工作来开发和实施像循证治疗传播中心这样的干预。

也正是合作才弥合了从研究到实践的差距。这就是以循证实践的机遇和挑战。

专栏 6-1　联结研究和实践：纽约循证治疗传播中心

哥伦比亚大学纽约循证治疗传播中心，由州精神健康办公室资助，其目的是培训全州服务于儿童和青少年的临床医生和督导者。循证治疗传播中心员工为循证的认知行为干预开发了两个训练模型：一是抑郁；另一个是创伤（Office of Mental Health，2008）。每一项干预的培训都包含两个阶段：（1）一个为期三天的研讨会；（2）持续一年的、每两周一次的电话咨询。在研讨会中，培训的第一天回顾循证治疗的总体内容和认知行为干预（比如，认知技能、心理教育、行为激活、家长参与、预防复发和案例评估）。研讨会的第二天和第三天聚焦于特定的循证治疗，而且由项目专家引导。关于抑郁的内容强调情绪焦点应对、认知重构、交流技能和问题解决技能。关于创伤的内容强调压力预防、放松、创伤叙事、逐渐暴露和认知加工。

循证治疗传播中心项目基于这样的假设：要在实践中产生变化，仅有短期训练是不够的（例如参见，Bickman，1998），因此研讨会参加者在研讨会培训之后会被提供每两周一次的小组电话咨询。四个博士级别的临床医师领导这些电话咨询，

第六章
步骤五：传播研究结果和项目材料：循证实践的挑战

每次平均90分钟，随后是一个常见的格式，包括：简短的签到和议程安排、案例呈现、循环（round-robin）案例回顾以及对项目问题的讨论。

总体来说，循证治疗传播中心培训模型与专业学校使用的模型相似，在后者中，学术型的内容被呈现出来，紧随其后的是督导实践。不过，循证治疗传播中心培训模型因它广大的范围而著名（培训全州超过400个临床医生），也因它聚焦于两个特定的循证治疗而著名。除此之外，循证治疗传播中心培训模型也因它的团队定位而出名，在它的定位中，临床实践者与其他临床者分享他们的案例信息，项目专家提供电话督导，并且——可能是不言而喻的——来自州立核心心理健康机构的领导者帮助界定问题并组织州立范围的力量来解决它。

循证治疗传播中心研究设计在评估培训的影响方面并非足够缜密。尽管如此，从过程数据中，我们可知，超过四分之三（78.5%）的参与者是社会工作者，最主要（89.5%）的参与者在门诊临床环境中工作。在417名发起这个项目的临床医师中，超过四分之三（76%）完成了一整年的追踪电话咨询。在一个五点量表（1＝非常负向；5＝非常正向）中，参与者对认知行为疗法概述日的满意水平平均值为4.1，对抑郁训练日的满意水平平均值为4.2，对创伤训练日的满意水平

> 为 4.4。数据显示,项目被临床医师和参与者很好地接受了。尽管需要一个控制实验来决定项目对实践的真实作用,但研究发现是有前景的。

扩展阅读

Brekke, John S., Kathleen Ell, and Lawrence Palinkas (2007). Translational Science at the National Institute of Mental Health: Can Social Work Take Its Rightful Place? *Research on Social Work Practice*, 17(1), 123-133.

Elliott, Delbert S., and Sharon Mihalic (2004). Issues in disseminating and replicating effective prevention programs. *Prevention Science*, 3(1), 47-53.

Institute for the Advancement of Social Work Research (2007). *Partnerships to integrate evidence-based mental health practices into social work education and research*. Retrieved on September 25, 2008 from http://www.charityadvantage.com/iaswr/Evidence Based Practice Final.pdf.

Jilcott, Stephanie, Alice Ammerman, Janice Sommers, and Russell E. Glasgow (2007). Applying the RE-AIM framework to assess the public health impact of policy change. *Annals of Behavioral Medicine*, 34(2), 105-114.

第七章

干预研究面临的挑战

前面几章重点强调：根据研究来综合项目理论，以项目理论为基础开发干预手册，经由一系列研究来测试和完善项目材料，以及对保真度和改编的初步思考。我们没有深究研究设计或者统计方法，这是因为有关著作对此已有深入探讨(Shadish et al., 2002)。不过，这两个方面在干预研究中均很重要，不能被忽视。事实上，我们很难想象缺乏这两方面的知识而去建立一个干预研究项目。另外，如果科学的知识致力于影响实践，由实践者开发一套像如下描述的项目理论就非常关键：能详细说明可塑性中介变量(malleable mediators)，能创建适合组织和文化背景的项目材料，并能预见可能影响实践者对干预理解的因素。

干预研究是一个生成性和创造性的过程，它包括系统改变策略的设计、开发和传播。干预研究的一个重要方面是，将实践者和机构提出的能提升项目实施效果的活动集合起来。这些活动正是区分以下两种干预的标准：可能被采纳进实践的有效的干预，以及那些看似有效却不能运用于实践的干预。尽管有效的干预活动通常有非常明显的特征(比如,与社会、健康问题有因果关系的目标流程,有来自严格的对照研究的数据支持),但能运用于实践的干预另外还有五个特征。这些特征聚焦于那些促进机构和实践者对一项循证治疗的理解的因素。它们包括以下因素:易于使用;对产出期待结果所需的核心内容的清晰说明;与政策和组织背景的契合度;指导项目实施和文化改编的指南;利益相关者容易观察到的结果。这种设计、开发和传播的整合不仅使这本书,而且使整个干预研究都变得与众不同。

在这个意义上说,干预研究不仅仅是项目评估。可以说,过去的项目评估者即使没有大量的专业知识也能工作,因为他们拥有先进的、关于研究设计和统计的知识。他们是评估专家,但不一定是项目专家或实践专家。干预研究不一样。研究者不是评估一个有前景项目的外部方法论专家。在干预研究中,研究者和实践者(有时还包括管理人员)联合起来设计、开发项目。干预研究人员必须具有问题处理和项目领域两方面的专长。因为干预研究者参与到项目的设计过程中,所以他们通常理解并有助于巩固项目的变化理论。研究者参与到项目的因果推理开发中,使得近端结果和远端结果都能得到更好的说明。同等重要的是,改变理论通过确定项目的有效成分来指导中介分析。

我们描述的活动的设计与开发最初不需要大量的资金资助。尽管有效性实验和效果实验这两项通常需要资金支持,但是,研究者和项目开发者在没有大量资金支持的条件下也能承担前四章所描述的工作。资金不应该成为项目理论说明或者项目手册开发的障碍。而且,一旦这些必要部分确立下来,对项目成分的测试和完善就能更容易地获得资金保障。

也许,相比其他研究(例如,问卷研究),干预研究对于专业(profession)来说是必不可少的,因为必须用专业开发出用于实践的知识库。这个知识库的基本元素包括实践策略的设计和开发——我们通常称之为干预或项目。在开发这些实践策略时,本书描述了五个步骤:

1. 明确具体问题并开发一种项目理论;
2. 创建并修订项目材料;
3. 完善并确认项目成分;
4. 在不同实践背景和环境中评估效果;
5. 传播研究发现和项目材料。

这个方法通过更加强调项目理论以及干预手册的开发,拓展了罗斯曼和托马斯(Rothman and Thomas,1994)的视角。在开发项目材料中,我们描述了被整合进干预研究五个步骤之中的一系列活动。这些活动包括手册及其他材料中的制定、修订、差异化以及转化/改编,比如实施指南(见图4-1)。在第一、第二步,手册及其他材料产生于对项目理论的说明,该项目理论界定了提供干预研究重点的可塑性中介变量(参见 DePanfilis and Dubowitz,2005)。在第三、第四步,描述了一个在准实验和实验研究中完善并确认项目的连续过程。最后,我们在第五步讨论了有关传播、改编和传播的问题。

干预研究中的方法论问题

尽管在社会科学领域中支持实验和准实验设计的核心理论在75年之前就开发出来了(Fisher，1935)，但干预研究至今仍是一个发展中的领域。它要求广泛了解社会或健康、实践问题，还要求具有与实践者、管理者、消费者、市民群体、数据分析者、其他研究者以及政策制定者合作的技能。除了这些对研究者本身的要求，干预研究还面临如下至少四项方法论挑战：

- 改编与保真度之间持续存在的张力；
- 人类行为的聚类和随机分组设计；
- 当随机分组失败或不可实现时的选择性偏差；
- 对那些在干预期间，为适应需要和偏好而不断被改编的项目进行效果评估。

这些挑战中的任何一个都提升了方法论创新前沿的复杂性。下面我们予以简要介绍。

改编与保真度之间持续存在的张力：当干预研究重新开始

鉴于有效性实验和效果实验的费用限制，在所有的背景中对所有可能的人群进行干预测试，是不可能的。不过，当一项干预被证明是有效的，它肯定会被运用到新环境下的新群体中。正如第四、第六章介绍的，我们支持一个协作一致的改编过程，以在新人群或新环境中推动项目的使用。这个协作性过程包括项目和问题专家，

第七章
干预研究面临的挑战

这些专家在机构层面的支持下,从相关性角度来审视项目理论并修订项目材料。合作改编与本土化改编有显著的不同。在本土化改编中,个体实践者为使项目内容与特定项目或机构实践限制有更好的契合度,而自己决定对项目内容进行删减或替换。虽然本土化改编可能看起来较为便利,但最近的研究表明它很有可能会损害循证干预的效果(Elliott and Mihalic,2004)。

我们想要强调改编与保真度之间动态的张力。循证实践在作干预决策的时候,依赖于实践经验和服务对象偏好,以及能得到的最佳证据。这就意味着实践者有责任在循证实践下,基于他们的经验、服务对象的偏好,以及其他实践中的偶发事件来修改项目。在社会和行为干预中,这种以人为中心的干预是合理的。不过,要保证循证治疗的有效性,项目理论和操作基准必须很清晰。如果一个循证项目实施时没有保真度,就不能期望产生可靠的影响。同时,当一个循证项目未经改编便用于新群体时,项目参与者可能经历一些如不相关、不适合甚至文化上反对的问题。

如何才能让项目被改编又能高保真地实施呢?这并不简单。我们的观点是,在循证实践下,如下两种形式的改编也许可以保证:(1)系统改编,以提升对服务系统的契合度;(2)文化改编,以提升与群体的契合度。当一个项目被筛选出来使用时,系统改编应当发生在机构或组织层面。文化改编应当由以下内容引导:对构成实施基线的核心内容的界定。基于研究,文化改编包括修改变化理论和逻辑模型,以解决机构在服务社区过程中所面对的文化独特性带来的风险过程和保护性过程。当改编非常显著地改变了核心内容时,设计和开发过程就要重新开始。从这个意义上说,"点燃"干预研究的创造性"火花"因为保真度与改编之间的摩擦而到达它的"燃点"。

实践中的随机实验设计

干预研究的一个重要方面就是利用科学的方法开发并测试干预,尤其是随机对照实验。随机分组曾被认为是不道德的(因为可能不对对照组实施治疗),不过现在随机分组被认为是决定社会以及健康服务干预是否有效的选择方法。这在很大程度上是因为如下两方面的进展。首先,用常规服务或常规治疗来作为控制条件已经取代无治疗的控制条件,这在道德上是可被接受的设计选择。这意味着所有的研究参与者都至少接受了常规服务,而且随着循证实践的传播,这将意味着所有的研究参与者都至少接受了循证治疗(Doss and Atkins, 2006)。事实上,许多院所和国家健康研究中心现在都偏向于循证的控制条件(Office of Science Policy, 2005)。其次,从混合方法和质性方法被越来越多地用于描述实验过程和实验结果这个意义上说,实验设计已从量化方法中分离了出来(即使只有细微的区分)。质性方法在干预研究中的使用让我们可以更清晰地理解变化过程,而且在一些不能使用量化分析的小型研究中,质性方法更有助于描述干预研究的调节机制。

随机分组是一个概率性的过程,所以当样本数目很大时,它会发挥作用。随机分组是一种当两个或两个以上的小组存在且都被测量或不被测量时,实施中使其机会均等的方法。不过,当样本数很小的时候,它的优越性就会受损。随机分组依据的是基于大样本的概率理论。随机分组之后,我们通常能对小组进行比较,而且能了解随机分组是否运行良好。但有时候,小组在观察到的结果方面呈现出相似性,(比如,社会人口学特征),并且它们在重要的不可观察的测量上有所不同(例如,一个未能采集到数据的风险因素)。这是最坏的情况,因为失败的随机分组可能没有被检测到。

设计随机分组研究面临的两个挑战

设计随机分组研究时,有两个挑战非常显著:(1)当人们以群组的形式聚类在一起的情况下(比如家庭、社区或者机构)进行随机抽样;(2)随机抽样失败时的处理。第一个挑战与对人类行为和社会环境的研究进展有关。我们现在对嵌套(nesting)对行为和心理的影响有了前所未有的理解(例如,一个系统内的系统,如社区内的家庭)。事实上,生命历程中的适应通常被看成有层级组织的生物与环境系统之间的交互作用。在社会和行为研究中,这种聚类——也称为**嵌套**(nestedness),表现出以下方面的相似性:相同家庭中的小孩、同一个教室里的学生以及较高层面上同一个校区的学校或者同一个集团公司的工厂。在一个更高层次的聚类上,嵌套被看作是同一个组织或地理区域里个体的相似性,比如,同一个州的选民。聚类(clustering)提出了随机抽样中的方法论问题,这些问题在试点测验和有效性实验中尤其困难。我们下面将讨论这些问题。

第二个设计挑战——失败的随机抽样——与聚类问题有关。当少量单位(unit)(比如学校或社区)被随机抽中进行实验和接受控制条件时，随机分组更有可能失败，因为抽样数目太小，不能支撑概率统计工作。当随机分组失败的时候，研究人员通常会采用一些统计方法，比如**协方差分析**（covariance analysis），来控制群组差异。此外，有时研究人员还会尝试将干预组参与者与相应的控制组参与者进行配对。不过，这两种方法都有很大的局限性。幸运的是，研究者正在开发新的统计程序，以帮助干预研究者从失败的随机抽样中恢复数据。当随机抽样不能实现或已知干预和控制组有所区别的时候，这些方法可能同样有用。在本章的后面部分，我们将讨论这些新的方法。

基于地域和类聚的随机抽样

在社会和行为科学中，有一个核心的观点认为人们往往用系统化的方法来填补空白。也就是说，社会和生理心理力量在影响着学校、社区和社团，以至于学校、社区和社团可以通过人口学因素以及态度、信仰和行为而区别开来。州通常被认为有政治倾向（"红"州对"蓝"州），社团间不仅可以通过其外部特征区分，而且可以通过它们主要存在的社会和健康问题的类别来区分。

尽管干预通常致力于个体层面，但它们也可以被设计来影响整个学校文化、社区集体效能或者社区犯罪率。当干预的预期效果在组别或者群组层面发生，那么在那个层面使用随机抽样就是合适的。事实上，干预通常被设计来在群体层面产生影响。我们希望改变当地规范，提高公共健康水平，或者减少群体层面的问题（如成就差异或健康差异）。

从方法论上来说,当有**治疗污染**(treatment contamination)的威胁时,也适合采用组别层面的随机抽样。我们所说的"污染"是指,当控制组中的人意识到干预的时候,研究就可能会受到损害。如果研究参与者与同一个聚类中的他人密切联系,就可能发生这种污染。在控制组中发生未在计划之内的治疗的传播,就可能会导致补偿性竞争(即,控制组中的成员试图在没有干预收益的情况下,复制干预结果);士气消沉(即,对失去参与干预的机会表现出失望);其他由于群组分配(而不是干预本身)导致的混乱。

小组层面上的研究可能在未来更加重要,而且它们在学校和社区为基础的研究中已经非常重要了。在过去的十年里,小组和群类的随机抽样设计常常被用来评估公共健康干预。请阅读专栏7-1中的内容,它是关于墨西哥教育、健康和营养项目对婴幼儿和青少年成长和贫血率方面产生的影响的"进展研究"(progresa study)(Rivera, Sotres-Álvarez, Habicht, Shamah, and Billapando, 2004)。

小组随机抽样实验(例如"进展项目")通常在大范围内实施有前景的干预策略。"进展项目"为观察不同社区间的效果差异,将社区随机分组。不过,当把人们在群体层面随机聚类的时候会涉及一个技术原因,无论是根据社区形式、学校形式、邻里关系、工作地点还是其他类别关系进行分类都是如此。原因是一个类别内的人总是趋同,这个趋同性将会抑制显著性检验时观察到的变化。这种变化性通常非常小,因此显著性检验可能会导致人们高估实验组和控制组间的不同。当存在群类时,研究者必须考虑小组随机抽样和能恰当评估小组区异的分析方法。

专栏 7-1 进展项目：墨西哥教育、健康和营养项目的影响

每年，全球大概有 1 100 万五岁以下的孩子死亡，而其中有一半的孩子死亡原因为营养不良。营养不良在不发达国家更为普遍，在不发达国家中，25% 的儿童食物不足（Black, Morris, and Bryce, 2003）。璜·瑞维拉博士和他的同事决定为此作些贡献。在墨西哥政府的支持下，他们评估了一个为农村低收入家庭设置的、在社区层面提供激励机制的福利项目。"进展项目"的目标是给体重不足的孩子提供食物补给，并通过提供两种现金调拨的方式来提高人力资本。第一现在调拨的方式很普遍，每一个参与食物补给项目的人都可以获得这个资助，"进展项目"赞助的婴儿诊所（提供健康教育、常规健康检查和免疫）也能获得这个资助。第二项现金调拨依参与家庭中适龄儿童的学校出勤率而定的。现金调拨总共占到家庭收入的 20%—30%；少于 1% 的家庭因为不服从而被拒绝给予支付。这个项目在墨西哥中心区域的六个州施行，其中 506 个社区被随机分组，有些立即接受干预或交叉条件下接受干预，有些一年之后接受干预。

一年快结束的时候，干预社区中的孩子的血红蛋白水平显著高于对照组，且贫血水平（44.3% 对比 54.9%）显著低于对照组。除此之外,中介(moderation)分析表明干预对最穷社区中年龄最小的孩子有显著作用。不满 6 个月的居住在最穷社区的孩子,个头显著地比那些对照组中的最穷社区的孩子要高。尽管仍低于世界卫生组织的标准,但孩子们(有极大的潜力来回应干预的孩子,即最脆弱的孩子)成长的效益已经被观察到了。"进展项目"是第一批严格控制的、基于社区来表明教育、营养补给以及现金调拨对健康之积极影响的研究之一。作为一个小组随机实验,"进展项目"现在正被全世界的研究者复制着。

小组随机抽样的准则

文献中关于小组随机抽样实验的描述是很复杂的,而且呈现统计、设计以及实践挑战都超出了本书的范围。不过,基于我们的经验以及对库克(Cook,2005)研究的扩展,我们提供了参与者为群类时设计研究的三个准则。

准则 1:评估组内相关系数的大小并开发项目理论以解释组内相关系数

组内相关系数是对总体变化中可以通过类别解释的比例的测量。当组内相关系数为 0 时,聚类的效应为 0,而且统计检验不会产生偏差。不过,当组内相关系数不为 0 时,聚类将会影响统计显著性和决定统计显著性的功效。这一直是理解为什么研究样本中需要呈现类别的一个好方式。比如,在测试"作出选择"时,我们经常观察到非同寻常的组内相关系数,这是因为一个教室里的儿童有相同的老师,并处于相同的学习环境之中,而且他们的朋友圈也都在同学之间。因此,老师、教室和同伴影响导致了在同一个教室里的儿童拥有影响他们态度、信仰和行为的共同经验。在同一个教室里的学生不能考虑为单独的个体,我们的研究设计以及数据分析需要考虑教室的群类效应。

准则2:由项目理论和组内相关系数指引的最低层次的随机抽样

从统计功效的角度看,通常理想的随机抽样是在个体层面进行的;不过,当组内相关系数数据异常时,就不能用个体随机抽样。在一个小学教育研究的案例里,通常存在多层的嵌套:学生在教室里,教室在学校里,学校在街道里,街道在国家里。在每个层面上,我们都能预期组内相关系数不为0。那么,随机抽样应该发生在哪个层面呢?

项目理论就是指导。如果干预实施是在教室层面进行的,那么在这个层面上的随机抽样通常是最好的。也就是说,随机抽样发生在干预实施的层面,然后测量各个层面的结果。事实上,我们建议,不仅要测量结果,也要测量各层级间的交流。尽管没有必要去量化跨层级或层级内的交流,但能对交流内容有所了解也是非常有益的。例如,对教师进行访谈,有助于了解不同班级学生、不同年级学生,以及不同学校的学生在何种程度上有相互作用的机会。儿童自我报告的有关其朋友圈的数据对于确定不同教室和相同教室内交流的情况很有用。当参与者被嵌套在多重影响层级中时,组内相关系数将主要建立在交流模式层面上。随机抽样应该发生在干预层面上,交流内容也应该被详细地记录下来,以描述某一类中或类别间变化的潜在源头。

准则3:考虑高层级的协变量

有时,组内相关系数能通过纳入高层级的协变量来降低。这些用于评估项目结果的统计学模型通常具有高度的灵活性。这些模型能将个人层面的协变量包含在内,例如种族、性别或者年龄。另外,模型也能包含群类层面的协变量,例如学校大小、校长的领导方式、每个学生的支出。在一个教室层面的干预研究中,老师的教育背景(是否有硕士学位)和教学年限可能会被计入教室层面的协变量。这些协变量能解释教室间的一些不同,并降低组内相关系数。不过,如果高层次的单元数量很少,群类层面的协变量就可能会变得代价很高,因为每个变量都会降低自由度,进而降低统计功效。

正如我们之前提到的,不能调整对群类治疗效应的估计会导致研究发现的偏差。事实上,这项失败造成质疑社会工作和其他专业很多先前研究的发现结果。例如,在一个案例管理研究中,那些关于同一群工人的待处理案例都不是独立的;他们嵌于工人之中。工人间的案例群类性往往会影响结果。如果不加以控制,案例管理的有效性可能就会被高估。同样,与儿童适应性相关的家庭治疗结果可能嵌套在家庭中,并依赖于机构实践,家庭则可能嵌套在治疗者的案例中。如果研究者不调整对家庭和治疗师嵌套的评估,那么任何一种对儿童结果的对比都可能是错的。"进展项目"以同样的方式调整社区内儿童聚类效应的发现结果,大多数的干预研究都必须考虑到参与者嵌套在影响系统之中。

群类提出了在实施试点测试和小型有效性研究中的实践性挑战,在这些测试和研究中必须始终考虑到检测干预效果的功效。如果随机抽样不得不发生在机构层面(比如,护理之家、学校和医院),那么一个小型的有效性实验就可能需要20或者更多机构才有足够的力量观察到治疗效果。这样一种研究往往变得非常庞杂。为了在有效性测试中实施一个家庭干预,可能需要20—30个临床医师参与到这个实验中,以估计在家庭嵌套背景下的家庭案例中的治疗效果。在这种情况下,一种可能的策略是在群类中纳入更少的单元(unit)做样本,同时对更多的群类进行随机抽样。例如,在一个学校研究的案例中,我们可以在一个学校里抽取少一些的学生,但同时选更多的学校。总的来说,是群类的数量而不是某一群类的参与人数会影响统计功效。

当随机抽样失败或不能使用时的选择性偏差:倾向值

当随机抽样失败或不能操作时,实验组和控制组(比较组)之间干预后的差异可能会与干预前的组间差异相混淆。正如我们在第五章所讲的,这被称为选择性偏差。偏差广义上指的是干预的效果可能不是由项目引起,而是由治疗条件和控制条件下参与者之间差异导致的结果。这种假定的效果是有偏差的。举个例子,当参与者分为自愿参与干预和不自愿参与干预,或者参与者被安排到强烈需求的条件和非强烈需求的条件中时,这种差异就会出现。在第一种情况下，我们可能预期自愿参与的志愿者（用专业术语来讲，他们是自我选择的）能比非自愿的更服从研究的要求。这种更强烈的动机会影响结果。在第二种情况下，我们可能预期因自身需求而被安排接受干预的参与者（有时被称为行政选择或官方选择的参与者）会与比较组的参与者不同。比较组参与者的非强烈需求可以用来解释结果的不同。

选择性偏差威胁着不使用随机分组的准实验以及使用随机分组但样本数目太小不足以产生平衡数量组别的实验。在群类随机设计中，对大型的群类（例如学校等）进行分配，组别之间的平衡可能就会由于选择了太少的学校（或随机分组的单元太少）而受损。其他时候，随机分组可能会被使用，但是后随机过程（例如，差别消耗、代偿性竞争）会破坏组间的平衡。无论是准实验的选择偏差、实验的随机失败、分组后的操作过程，还是实验组和控制组或对照组的系统差异，都会引起项目效果估计时的严重问题。

控制选择性偏差的协方差分析

历史上，当研究者怀疑随机抽样失败或不能使用时，他们会测试组间差异，找到差异后，他们用统计的方法加以控制。正如这里所使用的，控制指的是一个统计建模过程，在评估项目影响之前，去除混杂（confounding）变量对结果的影响。通常称之为协方差分析，这是多年来用于处理选择性偏差及其他偏差影响的统计学方法。考虑结果的回归方程，Y_i：

$$Y_i = \alpha + \tau W_i + \beta X_i + e_i$$

式中，W_i 是二分变量，指代干预，X_i 是案例 i 的独立变量向量。

用这个方法，我们希望通过控制观察到的混杂变量 X_i，来估计 Y_i 的治疗（W）效果（τ）。大量的研究都使用了这个方法。

不过最近，学者们对于随机分组受损时强化使用这种统计控制方法的假设提出了质疑。当随机分组被损害的时候，W 和 e 之间的关联可能不为 0，所以用通常的最小二乘法预估干预的效果可能会出现偏差和不一致。这是因为当随机分组受损时，W 不是外源性的。事实上，W 由其他许多能被观察到或不能被观察到的变量决定。除此之外，W 有时在选择效应（即选择性偏差）存在的时候会与 Y 有关。统计控制在剔除选择效应时的有效性，会依赖于已观察的协变量 X 是否对选择进行了恰当的测量。如果相关的变量丢失了，对干预效果的估计就会产生偏差。上述所有的都说明使用协变量分析所基于的假设很容易被推翻，当假设被推翻时，传统的回归方法可能不是最好的选择（Guo and Fraser, in press）。

倾向值以及选择性偏差建模的其他进展

那么随机抽样失败或不能实现时，我们该做些什么？一个主要的方法就是通过一种新的统计步骤，来重新平衡实验组和控制组。这些方法的核心特征是它们试图去建立选择性偏差的模型。通过这么做，这些因素组合的观念就会用一个数值表示出来，称为**倾向值**（propensity score）。倾向值将实验组参与者与控制组参与者进行了区分。也就是说，对所有参与者的选择结构进行了估计，不论他们是在实验组还是控制组里，就是作为一种（倾向）概率在干预状态

第七章
干预研究面临的挑战

下存在着。因此,倾向值能用来匹配或权衡实验组或控制组中的参与者。这整个过程是基于一种有些神秘莫测的想法:即使是控制条件下的人们——基于他们的特征——也会有处于干预条件中的可能性。假设你已经知道实验条件和控制条件伴有系统的差异大,选择偏差就会由于失败的随机抽样或者由于小组没有被随机分组(比如说是自我选择或是行政安排)而成为一个问题。

倾向值通常用来在统计上平衡各组。早期的方法简单地使用倾向值来1∶1配对实验组和控制组。不过,最近发现了一种新的运算程序,它用相似倾向值匹配干预组参与者与控制组参与者。而且,现在已经发展出新的方法来权衡不同控制组的匹配,以优化与实验组参与者的相似性。

详细描述这些最近发展得很快的方法不在本书范围之内。本书只要说明以下内容就够了:这些统计分析的开发很有前景,不单有利于当随机抽样失败时的研究,也有利于因为道德或其他原因而无法随机抽样的研究。诚然,统计方法不能代替随机分组。现在还不清楚倾向值方法在样本数量很大或适当随机分组的时候是否能达到平衡。倾向值方法仅能用观测到的平衡小组。随机分组的优点是,当使用大样本数时,它能在观测到的和未观测到的测量结果方面平衡小组。但是,使用倾向值或类似得分的统计方法提供了新的方法,来分析实验和准实验的数据,包括对不同治疗程度下的治疗效果的评估。若想对这些新方法有更多的了解,详见郭和弗雷泽(Guo and Fraser, in press)的文章。

适应性干预的动态系统建模：超越随机对照实验

在整个干预研究的历史中，干预通常被概念化为不变的或固定的（Collins，Murphy，and Bierman，2004）。也就是说，被分配到一项干预中的研究参与者，已经接受了被认为是相同的干预。在标准的随机对照实验中，干预通常按常用的剂量提供，是不允许改变的（随机对照实验；回想一下第五章关于药物实验的例子）。从某种度上讲，研究设计是基于这种双重的概念：人们要么接受干预，要么不接受干预。然而，这种"或者"的情况并不反映实践操作的各个阶段。实际操作中，干预剂量通常由需求决定。有更多需求的人会接受更多的干预。剂量会因人而不同，但同一个人也有可能会提供不同的剂量。比如说，一个人的需求可能会随时间而变化，所以服务的水平也会因这种不断变化的需求而发生改变。因此，用标准的剂量固化干预不是一个好的实践方法。

干预研究面临的重大挑战之一是开发出研究方法来评估在真实发生的实践。在适应性干预中，干预的构成及其剂量并不是固定的。许多干预都有这个特征。在第一章讲的凯西家庭项目中，在复杂和反复的案例评估下安排了相关服务。在儿童接受加强看护期间，服务的类型和数量随着需求评估的变化而改变。在青少年犯罪研究中，当青少年处于高犯罪风险时，对青少年监管的概率会增加。在心理健康领域中，个案管理者对有严重心理疾病的成年人进行周期性的服务调整。在实践中，服务的数量、性质和剂量通常是基于服务对象的需求和偏好。

第七章
干预研究面临的挑战

这种基于需求的提供服务的模式有时会得到很有趣的评估发现：服务提供得越多，服务结果却越糟。因为越多的需求，通常与不幸和障碍有越多的关联，而越多的不幸和障碍通常（并非总是）与越多的服务和较差的服务结果联系在一起。由于需求通常是复杂共病（comorbidities）和环境危机或压力的函数（function），因此适应性干预需要在不同的需求背景下以及实践者用来分配干预资源的潜在决策原则的背景中来评估。

服务要不断调整以适应服务对象变化的需求和喜好，是干预研究正在面对大挑战之一。这一领域的工作，就是激发起新的干预思考方式和评估结果的创新方法。这些创新包括应用高度灵活的建模技术，比如广义相加混合模型（Brown et al.，2008），这种模型允许监测项目参与者经历干预的全过程。其中的一些创新包含动态的或仿真的算法。在下一部分，我们将运用其中一种方法于"小学成功档案"项目（学校成功档案的小学版本）。

小学成功档案是一个改编的干预研究，它试图为孩子在构建以学校为基础的干预方案时提供关键性的过程（关于小学成功档案的全面描述见 Brown，2008）。在完成小学成功档案评估之后，学生会被推荐接受与他们风险层面（profiles）相一致的服务。基于可获得的资源，这些服务的构成是根据学生的需求来设置的，学生的需求也是由他们在小学成功档案各风险因素和保护性因素领域上所得的分数决定的。在这些领域的分数既影响服务的构成，又影响所推荐的剂量。小学成功档案可能在不同的评估点被执行，同时学生的分数能够被用来重新配置服务。

从一个动态的系统建模角度来看，我们可以认为档案分数是一个**可裁变量**(tailoring variable)，是一个用来决定服务本质和剂量的测量指标。也就是说，小学成功档案能够被概念化为一种适应性的干预，它由三个要素组成：循证可裁变量（学校里学生的社会和学术表现的层面）；决策规则（表明要推荐不同服务的风险分数的临界点）以及小学成功档案使用的实施指南。需要指出的是，从这个视角看，服务并不被认为是小学成功档案干预的一部分。它们由学校资源决定，而且是在咨询了家长、学校员工和其他人之后所作的决定。

作为一个适应性干预，小学成功档案的成功与下面几个原因有关：(1) 用于区分高需求学生和低需求学生的可裁变量（如学校成功档案）的效度；(2) 用于准确测量可裁变量的工具性能（尤其是随着时间的推移可靠的评估）；(3) 基于学生分数推荐的决策规则的准确性；(4) 学校行政人员掌握资源的程度，以及跟进以确保实际服务过程中的建议权。尽管小学成功档案使得评估可裁变量变得正式，使决策标准比在目前实践中常用的更加明确，但小学成功档案可能被认为是一种典型的适应性干预，因为它导致不同的服务提供建立在需求的层面上。

适应性干预能够像固定干预那样用同样的方法进行评估。也就是说，更倾向于随机分组到实验组和控制组，干预的影响也会被评估为实验组和控制组的组间差异。不过，因为剂量是基于可裁变量和决策规则而被系统操作的，因此剂量不能被当作中介因素。（回想一下，就是因为剂量导致有效性子集的选择效果，因此它很难也用在固定干预研究这一块)。的确,通过假设干预如预期的那样被实施,我们已经知道,系统差异存在于不同剂量种类的参与者之间。如果我们希望发现决策过程能否有效地提供更多的服务给那些有更多需求的人,以及决策过程是否能产生令人满意的结果,那么数据就应当被塑造成一个动态系统。这个动态系统是一个多元的、随时间变化的过程。在这个过程里,结果的变化被认为是由输入的变化引起的,或者在适应性干预案例中是由可裁变量的改变引起的(Rivera,Pew,and Collins,2007)。

对于小学成功档案来说,动态模型能够用如图7-1所示的简图来表示。在学生层面,小学成功档案的目的是提高他们在学校

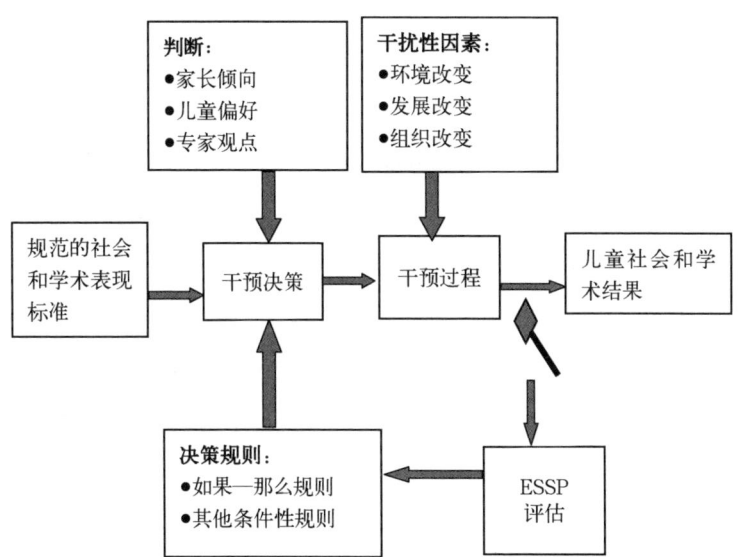

图7-1 小学成功档案的动态模型:一个适应性干预

里社会性和学术成绩。这个目标反映在图7-1的右边。它是干预过程的一个功能,而干预研究的过程是由干预决策决定的,干预决策在小学成功档案中用来调整服务建议,以服务于每个孩子的独特需求。干预决策受当地对社会和学术表现的标准价值观的影响,同时也受判断的影响,判断代表了学生、家长、老师和其他专家(演讲和语言治疗专家)的合作投入,也代表了关于干预方面他们的一些偏好。从这个意义上来讲,小学成功档案与循证实践的原则是一致的,因为它包含了一个协作决策的机制,这个决策是关于干预服务的构成和剂量安排。

不过,小学成功档案的核心特征是评估和决策过程的动态性。小学成功档案包含了一个干扰项,它表示孩子不断变化的需求是一系列环境的、发展的和组织的影响导致的。干预过程与孩子一系列需求的契合被看作是干扰因素的功能,它表明了在孩子发展过程中的变化以及学校内部和外部一系列的其他因素(比如员工的能力和偏好、学校资源、资金)。这些既包含风险因素又包含保护性因素。例如,因为父母职业的改变,一个孩子的生活状况能够很大改善。这个改变将形成一个保护性的影响,可能改变对干预的需求。或者,失去父母或者父母失业可能增加孩子社会或者学业问题上的风险,以及改变孩子对干预的需求和响应性的水平。

图7-1里小学成功档案评估这个方框做成了一个定期"打开"的开关的样子,有时也能通过假定的和其他条件语句重新定义决策而引发新的评估。也就是说,小学成功档案里定期的再评估

给可裁变量(儿童学校成功档案)提供了新的投入。而且,如果一个孩子达到了小学成功档案建立的临界点,就会启动一个父母、孩子、家长三方都在的会议,来修改干预的策略,这个修改则建立在学校可获得的资源的基础上,而且包括其他可能对孩子生活有影响的人的评价。

当干预基于不断变化的需求和风险状态而要被改变时,这种类型的动态系统模型就成了干预研究的核心。我们已经举了个人层面的例子,但是在可裁变量上,全体的学生层面可以被用作是整个干预的基础。例如,小学成功档案可以被用来确定在一个班级或者一个学校里学生的总体需求。因此,它不仅可以充当个体适应性干预设计的基础,而且是一般预防性干预的基础(这种干预适应学生的各种需求,不管是在教室、学校还是其他群类的学生)。

这个动态系统模型的挑战是,如何通过优化信息的流动和决策规则的准确性来提高干预的效果。到目前为止,小学成功档案在一学年中仅被执行过两次或三次。这个再评估水平的频率不足以获得持续的反馈,而这个反馈是许多适应性干预所依赖的。不过,小学成功档案的优点就是它决策过程的严密性。不像个案管理和其他适应性干预那样参与者要作出过多的临床判断(而且,如果他们进行的是循证实践,则服务对象要参与干预决策),小学成功档案提供的是一种系统性的回顾。小学成功档案里可裁变量是基于研究的,因此决策规则有其实证的基础。在整个操作过程中,决策规则将基于在小学成功档案过程中每个点不断搜集的数据不断作出微调。

与实验组和控制组设计十分不同的是(虽然它们具有当今干预研究的特征),动态系统模型利用了工程学里的过程控制原则。它具有的潜力,不仅在于使观察到的数据适用于一个概念模型(这是我们当今大多数研究项目中分析数据的方法),也在于通过模拟进行优化项目。通过模拟进行优化虽然经常用在工程学和物理学中,但很少运用在社会和行为科学领域。我们讨论适应性干预有两个原因:第一,因为代表了很多领域中常规实践;第二,为测试适应性干预而探索新研究方法面临的挑战代表了超越认知行为治疗的可能性。干预过程的动态模型可能是更好地将干预研究方法运用于实践这一重大进展的基础(对另一个例子的详细解释,见Rivera et al., 2007)。

伦理:干预研究者的独立性

最后,研究者在评估干预设计和开发中的参与程度使得特别关注调查员的独立性。正如本书所讨论的,干预研究是项目开发和项目评估的合成。从这个意义上讲,它是两个重要领域的融合。项目开发和项目评估的整合,要求研究者密切地参与项目的设计。不过,这种参与违背了这个高度重视的观点:评估者应该是公正的,而且独立于项目提供者。在逻辑实证主义的传统中,研究者的独立性被认为是提供一种客观性,这种客观性对于严密和重要的项目评估而言是很重要的。

但是,正如我们已经强调的,研究者高度参与在干预研究的过程之中，特别是明确项目理论和开发项目材料这个过程。这种参与导致界定结果测量方面的投入，高保真地实施项目方面的投入，以及对项目可能最终被采纳的实践背景作仔细考虑的投入。考虑干预研究的优势，这些参与应该产生更好的测量和更加细致具体的项目。

尽管有这些优点，研究者的参与还是产生了在观察积极评估结果时的既定利益，而且，如果一个项目被传播了，这个参与可能就会表现出获得经济收入的潜力，比如出售干预手册、提供培训的合同、演说的酬金。因此，研究者和被研究的项目之间独立性的缺失可能会产生潜在的利益冲突。在这个背景下，专业行为守则就会变得尤其重要。研究者应该用科学的方法搜集和分析数据，并客观地处理评估过程。他们被期待有科学的严密性和对知识的忠实性。我们必须考虑独立原则，而且在数据支持项目初期的有效性和效果之后，对于项目是否真正有效，应该作进一步的独立评估

总结

我们开始写本书的时候带着这样一个理念——"产生改变"（make a difference）。事实上，你不做干预研究也能"产生改变"。你可以组织一个社会团体来打击犯罪，在你的机构领导一项战略性改革，向最贫穷地区的家庭提供食物补给，或者鼓励孤单的受虐待的孩子或与他们成为朋友。不是所有的事情都需要被评价的。事实上，当你感觉一个特定的"产生改变"的模式在实践中持续地

起着作用,干预研究就开始了。

我们需要开发并测试这些"产生改变"的模式,因为它们有可能帮助许多其他人。有希望的新的干预应当服从严格的测试,因此,如果有效,它们就能在类似的地方或国家环境中运用于其他人群或社会团体。我们也需要开拓我们的视野,呈现一个更加全球范围的姿态。遍布全球的大量的社会和健康问题,总是有其社会根源的。引用一段世界卫生组织健康社会决定因素的委员会主席迈克尔·马尔默(Michael Marmot,2005,p. 1099)博士的话:"我们看到的,在国家内或者国家之间收入的不平等,对整个世界来说是一个挑战。不同国家之间生命预期差距范围为 48 岁,而国家内为 20 岁或以上,这并非是不可避免的。很多研究表明社会因素是许多不平等问题的根源。"

导致社会和健康问题的一些因素是可塑的,比如说由不明智公共政策引发的社会和环境状况,以及导致寿命和其他健康水平不同的原因。它们能够被改变。历史上,我们既没有意愿也没有技术来处理这些因素。不过,情况正在变化。像"进展项目"这样的干预研究,在全球范围内正在担负起开发技术、项目和政策的责任来改变社会和环境问题。

在本书中,我们已经列出开发和评估项目的五个步骤。我们阐述了怎样起草一个项目理论,以及如何从这个理论出发去设计一项干预。我们描述了一种开发干预手册的策略,讨论了测试项目的严格过程。最后,我们详细描述了传播项目要面临的挑战,而

第七章
干预研究面临的挑战

在这一章里,我们描述了继续开发干预研究方法要面临的挑战。

干预研究并不是懦弱之举。它是有创造性和革命性的。它还可能是单调乏味、令人沮丧的。它是一个研究方法,需要对实践有深入的理解。而且,干预研究是理论性的,需要对文献有很好的掌握。它是分析性的,包括对数据和文本的分析技能,以及将研究结果和实践观点及行为相联系的技能。干预研究还是政治性的,因为它关注改变现状和社会公平。它是基础性的,因为没有实践知识,专业知识就不可能存在。最后,干预研究是值得做的,我希望你能够加入我们设计和开发干预的队伍中来。

扩展阅读

Cook, Thomas D. (2005, May). Emergent principles for the design, implementation, and analysis of cluster-based experiments in social science. *The Annals of the American Academy of Political and Social Science*, 299, 176-198.

Guo, Shenyang, & Mark W. Fraser(2009). *Propensity score matching: Statistical methods and applications*. Thousand Oaks, CA: Sage.

Rivera, Daniel E., Michael D. Pew, and Linda M. Collins(2007). Using engineering control principles to inform the design of adapative interventions: A conceptual introduction. *Drug and Alcohol Dependence*, 88S, S31-S40.

术语表

半结构化访谈(semi-structured interview):访谈受一组就特定主题预先设计的问题引导,同时在收集信息方面又允许一定自由度。

保护性因素(protective factors):可减小危险因素的负面影响,并增加积极结果产生的因素。

保真度(fidelity):一项干预按照预设实施的程度。

本土化改编(local adaptation):实践者修改项目以增进项目与当地的实践条件的适应度。

变化理论(theory of change):在干预研究中,形象描述由干预活动引致预期的积极干预结果的因果链的模型。

变化值(change score):前后两次测量结果的差异值,通常是前测(测试前)与后测(测试后)的差异值,目的是评估得或失。

部分因素分析法(partial factorial approach):在干预研究中,选出有潜力的干预构成部分加以测试以完善和优化干预项目的过程。

测试后数据(postal-test data): 在干预实施结束后收集的数据。

测试前数据(pretest data): 在实施干预前收集的基线数据。

差异化(differentiation): 在设计干预手册时,在特定环境中针对不同人群改编项目内容的过程。

产出(outputs): 干预逻辑模型的一部分,是预期的干预结果,通常被视为可塑性中介变量的结果。

大规模实施条件(scale conditions): 在实际的实践条件下实施干预,通常研究人员对这一条件下干预实施的控制能力很有限。

等候名单控制组设计(waitlist control group design): 使对照组或控制组延期接受干预的一种研究设计,有时也称为交叉设计。

等候名单组(waitlist group): 在研究过程中作为控制组并在研究结束后接受干预的一组人员。在干预结果不理想或拒绝接受治疗是不道德的时,经常会采用等候治疗组。

地域性干预(place-based intervention): 针对生活在共同的空间、拥有相同的目标和价值观的特定人群的集体过程的干预。

动态系统(dynamical system): 一个涉及多变量的、随时间变化的过程。在这一过程中,结果的变化被视为输入的变化,或者在适应性干预中结果的变化被视为可裁变量的变化。

对照组(comparision group): 实验研究中与干预组进行对比的组群,对照组可以接受常规服务、不同形式的干预或者不接受任何干预。

多元方法论（methodological pluralism）：一种认为知识的发展会得益于使用多种研究方法的观点，也就是定性研究和定量研究均有助于知识的积累。

发生率（incidence）：一种病状/状况在特定人群、特定时间和特定地点发生的次数。

风险因素（risk factors）：增加特定人群负面结果发生的可能性的个体及环境因素。

改编（adaptation）：基于研究知识和实践经验，修改一项干预以适应新的人群或环境。

干预（intervention）：一种旨在导致预期变化的各种策略，干预可以针对个体、家庭、群体、组织、社区、社会等系统层面，在本书中与项目（program）交替使用。

干预模型（intervention model）：描绘干预项目理论、目标、活动及预期结果的概念模型。

干预手册（intervention manual）：指导实践的手册，通常描述干预针对的问题、干预的理论基础、实践目标及干预项目的具体内容。

干预组（intervention group）：在干预研究中，一个小组需接受待测试的干预内容，与其对照的控制组或对照组则不需接受待测试的干预。

构念（construct）：不能被直接观察到的概念（如犯罪）。研究人员必须为构念设计测量手段。

规定性干预（prescriptive intervention）：一种由特定的原则

和草案(其中明确描述了指导和操作步骤,如干预手册)的干预。

黑箱研究(black box research):评估干预项目结果而忽略过程理论的研究,也就是不关注有可能解释项目过程与结果之间因果关系的机制。

后随机效应(post-randomization effects):指在随机分组后,样本流失等特定事件的发生,导致组间平衡被打破、研究结果被混淆,从而构成对内在效度的威胁。

回归中断设计(regression discontinuity design):一种基于某一截点值将干预参与人员分配到干预组或对照组的准实验设计。

混合方法研究(mixed-methods study):同时采用定性方法和定量方法的研究。

混杂变量(confounding variable):与研究者所研究的变量会发生共变的无关变量,会干扰对研究结果的解释。

剂量(dose):接受干预或治疗的量。

剂量反应分析(dose response analysis):在评估研究中,将接受全剂量的人员和没有接受全剂量的人员加以区别,从而评估不同剂量的效果。见有效性子集分析。

焦点小组(focus group):一种收集数据的方式,将在某一领域有特定见解或知识的人聚类为小组,开展讨论以发现小组人员关注的重要主题以及与主题相关的经验和见解。

接受常规治疗的控制组(treatment-as-usual control condition):在研究中,一组参与人员被分配接受常规服务或干预进而与实验组对比。在社会和行为研究中,这样的控制组往往被视为标准的控制组或对照组。

截点(cutoff scorce):某一测量指标的特定分值,在回归中断分析中据此确定将研究参与人员分配到干预组或控制组。例如,所有在截点以上的人员都接受干预,而在截点以下的人员则作为控制组。

近端结果(proximal outcomes):在干预实施后短期内能观察到的结果,如自我效能感、应对技能或行为方面的改变。通常被视为干预与远端结果间的中介变量。

决策规则(decision rules):在设计干预手册中,用于指导提供干预服务的细则,通常与某一测量指标(如风险评估清单)的门槛值有关。

抗逆力(resilience):使个体虽处逆境仍能正常成长的能力。

可裁变量(tailoring variable):在自适应性干预中,基于个体特征设计的用于决定参与人员接受干预的量的变量。

可复制度(replicability):一项研究可由其他研究人员或实践人员重复进行而产生相同结果的程度。

可塑性中介变量(malleable mediators):能受干预影响又对远端结果有影响力的中介变量。

课程(curriculum):一种干预手册,其中包含的实践活动,可能在某种程度上是一种教育性活动,而且包括对话过程。

控制组(control group):与接受有计划的干预的实验组进行

对比的组群,控制组通常不接受干预、延迟接受干预或接受不同的干预,通常由随机分组产生。

扩散(diffusion):将循证干预(即经研究证明为有效的干预)整合到常规实践中。

流行度(prevalence):特定病情在特定时间、地点、人群中发生的总数。

路径图(path chart):描述多种危险因素环环相接的图示。

逻辑模型(logic model):描述由项目投入、导致预期产出的项目各构成部分、直接结果及远端结果的图示。

内部效度(internal validity):两个或多个变量之间关系的因果推断的效度,在干预研究中指能将观察到的结果归因于干预项目的程度。

评估过程(evaluative processes):在干预研究中,这个过程指的是评估干预项目的影响。

嵌套(nestedness):一个系统单元群集于另一个系统单元内的现象,如个体居于家庭,家庭居于社区。

倾向值(propensity score):一个对每个研究参与者被分配到干预组的可能性的评估,它以这样的假设为基础:所有的参与者有被干预随机选择的一些相似性。这个分数被用来匹配干预组和控制组中的参与者,以控制选择效应。

群组(cohort):具有相似特征的人群,这些特征可以是年龄、地理位置或者学校年级等。

失败案例分析(failure case analysis)：对失败的案例进行分析以获取指导修改干预的信息。

实践草案(practice protocol)：针对特定领域的实践的标准化程序指南。

实践渗透(practice penetration)：在联系过的人员中实际参加了干预研究的人员比率，也指干预或项目参与者的代表性。也叫影响范围(reach)。

实践指南(practice guidelines)：指导如何选择对特定人群产生特定结果的干预项目的一套决策工具。它通常将科学证据和实践专家的经验集于一体。

实施(implementation)：将所要测试的干预项目付诸实践的过程。

实施助推器(implementation drivers)：干预实施的组成部分，如培训工作人员，获取监督管理层的支持，以及征召合格的实践人员。这些活动旨在提高项目实施的保真度。可能也包括影响实施保真度的氛围、文化等组织因素。

实验设计(experimental design)：通过随机分组的方式将参与人员分配到干预组或控制组的研究设计。

实验组(experimental group)：在研究中，一组被分配接受经过测试的干预的人员，与没有接受测试干预的对照组或控制组相对应。这一术语有时专指干预条件下通过随机分组产生的实验组。亦称干预组。

试点测试(pilot test)：对干预的初步研究，通常采用混合方法来测试干预过程，其目的是在进行效果测试之前修改并完善干预项目。

受调节的中介机制(moderated mediation)：中介机制在干预项目理论中被确定后，它的作用因不同的人群或不同的情境(如乡村和城市)而有所不同。

随机对照实验设计(randomized controlled trial design)：一种将参与人员随机分组到干预组或控制组，同时对它们之间的结果进行比较以发现可能的干预影响的研究设计。亦称随机控制实验设计。

随机分组(random assignment)：以随机方式将干预参与人员分配到干预组或控制组的过程，以确保每一个参与者被分配到每一组的概率不是零。

调节变量(moderator)：一个会影响研究结果且对不同人群会产生不同干预效果的变量，如年龄、性别、危险状态(如高危或低危)。

统计功效(statistical power)：当效果出现时，正确地排除无效假设或正确地找到治疗效果的可能性。除其他因素外，统计功效与样本、样本内的变量、统计显著性水平(如，$p<0.05$)以及治疗效果的大小相关。

投入(inputs)：逻辑模型中实施干预所需的各种资源，如人员、培训、设施及设备等。

外部效度(external validity)：基于样本观察到的研究结果（即因果推断）能够推广到其他群体、环境及手段的程度。

问题理论(problem theory)：在思考产生某一问题或使某一问题持续很长时间的个体和环境因素时产生的概念化理解。

系数(coefficient)：表示两个或不同组合的变量间关系强度的指标。

项目理论(program theory)：描述干预如何导致近端结果和远端结果的因果逻辑模型。

项目漂移(program drift)：干预实施后由于监管方面的问题而引起的项目改变，监管方面的问题包括对项目支持的减低，人员培训的减弱，以及影响干预保真度的组织内部冲突等。

项目完整性(program integrity)：干预按照预先的设计实施的程度。见保真度(fidelity)。

项目效果(program effect)：由实施干预项目产生的结果。

项目要素或项目因素(program elements or program factors)：构成干预的具体部分。

效度(validity)：一个量表能测量所期望其测量的内容的程度。也指研究推断的合理程度。

效果(effectiveness)：在常规实践条件下，实施某一干预时项目过程与结果之间因果关系的强度。

效果实验(effectiveness trial)：测试在常规实践条件下一项干预能否产生期望结果的研究。亦称效果测试。

效果值（effect size）：测评干预项目中所期望结果产生的效果大小的标准化统计指标，如标准化的平均值差及相关系数。亦称效应值。

协方差分析（covariance analysis）：一种统计建模过程，这一过程将混杂变量对结果变量的影响与干预项目对结果变量的影响分离开来。也叫统计控制。

信度（reliability）：一个项目或一次测量在很长时间多次得出一致结果的可能性。

序列实验（sequential experimentation）：进行一系列的实验及准实验研究以测试干预各构成部分的效果的过程，其目的是优化干预项目。

选择性偏差（selection bias）：与干预项目的效果相混淆的组间差异，通常是非随机分组的结果。

循证干预（evidence-based intervention）：运用科学的方法，对多个评估中发现的结果进行评估的干预。

循证实践（evidence-based practice）：运用科学的干预研究所积累的证据来指导临床决策和实践决策的系统过程。

循证治疗（evidence-based treatment）：一种遵循可重复、严格的科学研究为导向并已被证明是有效的实践。

研究设计（research design）：对研究涉及的各方面作出系统安排的过程，包括对样本选取方法、人员征募计划、小组数的决定、小组分配的机制、解释性测量及结果测量的确定、数据收集策略，以及数据分析方法等。

因果模型(causal model)：描绘变量间关系的图谱，具有统计学性质，通常包括中介变量。

因果推断(causal inference)：在干预研究中，研究通常假定，观察到的结果是由于对某一特定变量（通常是干预条件）进行实验操作所致。因果推断需要满足三个条件：原因出现在结果之前；原因与结果相关；排除导致结果产生的其他原因。

因素分析法(factorial approach)：在干预研究中，对干预的各重要组成部分的效果进行评估以完善优化干预项目的过程。

影响范围(reach)：在实施干预时能将预想的人群包括在内的程度。参见实践渗透。

有效性(efficacy)：在高度控制的环境下实施某一干预时，项目过程与结果之间因果关系的强度。

有效性实验(efficacy trial)：测试在高度控制（理想）的环境下干预能否产生预期效果的研究。高度控制的环境可以排除其他的解释。也叫有效性测试。

有效性子集分析(efficacy subset analysis)：一种分析方法，将接受干预的人员按一定的特征分为组群，再与对照组或控制组进行对比。组群的划分通常基于接受干预的多少或强弱进行。见剂量反应分析。

元分析(meta-analysis)：将多元评估相同或相似干预项目的研究结果加以综合，从而概括干预总体效果的统计方法。

原因(cause)：导致结果的变量，如导致行为改变的特定干预项目。

远端结果(distal outcomes)：在干预实施后较长时间里观察到的结果，如辍学、被逮捕或虐待儿童等情况。

治疗污染(treatment contamination)：被分配到控制组的参与者获知了干预的内容。

治疗意向分析(intent-to-treat analysis)：对实验中所有参与者分配到干预条件下进行分析，不论他们是否接受了全部的干预还是部分的干预；分析建立在群组分配基础上，而不是参与的水平或接触干预的程度。

治疗组(treatment group)：在干预研究中，被分配接受所要评估的干预或治疗的组群。

中断时间序列设计(interrupted time-series design)：一种准实验研究设计，其过程是首先做一序列的基线测量，然后实施干预，之后再做一序列的测量以观察干预是否导致截点或斜率的变化。

中介变量(mediator)：将原因的影响传递到结果的中间变量。如，社会和情绪管理技能的训练会经由中介变量导致攻击行为及其他终极结果的变化。

转化研究(translational research)：干预研究的一个分支，聚焦于如何在实践中采用、实施和推广经由研究证明为有效的干预。

准实验设计(quasi-experimental design)：采用非随机分组

法,将干预研究参与人员分配到一个或多个干预组及一个或多个对照组的设计。

组内相关系数(intraclass correlation,ICC):测量结果变量总方差中由组间差异解释的部分的统计指标。

参考文献

Aarons, Gregory A. (2004). Mental health provider attitudes toward adoption of evidence-based practice: The evidence-based practice attitude scale (EBPAS). *Mental Health Services Research*, 6(2): 61–74.

Abrahamson, Daniel J. (1999). Outcomes, guidelines, and manuals: On leading horses to water. *Clinical Psychology: Science and Practice*, 6(4): 467–471.

Addis, Michael E. (1997). Evaluating the treatment manual as a means of disseminating empirically validated psychotherapies. *Clinical Psychology: Science and Practice*, 4(1): 1–11.

Addis, Michael E., and Aaron D. Krasnow. (2000). A national survey of practicing psychologists' attitudes toward psychotherapy treatment manuals. *Journal of Consulting and Clinical Psychology*, 68(2): 331–399.

Addis, Michael E., Wendy A. Wade, and Christina Hatgis. (1999). Barriers to evidence based practices: Addressing practitioners' concerns about manual based psychotherapies. *Clinical Psychology: Science and Practice*, 6(4): 430–441.

Allison, Mandy A., Lori A. Crane, Brenda L. Beaty, Arthur J. Davidson, Paul Melinkovich, and Allison Kempe. (2007). School-based health centers: Improving access and quality of care for low-income adolescents. *Pediatrics*, 120(4): 887–894.

American Psychiatric Association. (2000). *Diagnostic and statistical manual of mental disorders IV- TR*. Washington, DC: American Psychiatric Association.

Bacallao, Martica L., and Paul R. Smokowski. (2005). "Entre dos mundos" (between two worlds): Bicultural skills training with Latino immigrant families. *Journal of Primary Prevention, 26*(6): 485–509.

Barrera, Jr., Manual, and Filipe G. Castro. (2006). A heuristic framework for the cultural adaptation of interventions. *Clinical Psychology: Science and Practice, 13*(4): 311–316.

Beck, Aaron T., John A. Rush, Brian F. Shaw, and Gary Emery. (1979). *Cognitive therapy of depression.* New York: Guilford Press.

Berleman, William C., James R. Seaberg, and Thomas W. Steinburn. (1972). Delinquency prevention experiment of the Seattle Atlantic Street Corner: Final evaluation. *Social Service Review, 46*(3): 323–446.

Bickman, Leonard. (1999). Practice makes perfect and other myths about mental health services. *American Psychologist, 54*(11): 958–973.

Black, R. E., S. S. Morris, and J. Bryce. (2003). Where and why are 10 million children dying every year? *Lancet, 361*(9376): 2226–2234.

Blythe, Betty J., and Tony Tripodi. (1989). *Measurement in direct social work practice.* Beverly Hills, CA: Sage.

Bond, Gary R., Lisa Evans, Michelle P. Salyers, Jane Williams, and Hea-Won Kim. (2000). Measurement of fidelity in psychiatric rehabilitation. *Mental Health Services Research, 2*(2): 75–87.

Bowen, Gary L., Roderick Rose, and Natasha K. Bowen. (2005). *The reliability and validity of the School Success Profile.* Philadelphia: Xlibras.

Bowen, Gary L., Michael E. Woolley, Jack M. Richman, and Natasha K. Bowen. (2001). Brief intervention in schools: The School Success Profile. *Brief Intervention and Crisis Intervention, 1*(1): 43–54.

Bowen, Natasha K. (2006). Psychometric properties of the Elementary School Success Profile for children. *Social Work Research, 30*(1): 51–63.

Bowen, Natasha K. (2008). Cognitive testing and the validity of child-report data from the Elementary School Success Profile. *Social Work Research, 32*(1): 18–28.

Bowen, Natasha K., and Gary L. Bowen. (1999). Effects of crime and violence in neighborhoods and schools on the school behavior and performance of adolescents. *Journal of Adolescent Research, 14*(3): 319–342.

Bowen, Natasha K., Gary L. Bowen, and Michael E. Woolley. (2004). Constructing and validating assessment tools for school-based practitioners: The Elementary School Success Profile. In Albert R. Roberts, and Kenneth R. Yeager, (Eds.),*Evidence-based practice manual: Research and outcome measures in health and human services* (pp. 509–517). New York: Oxford University Press.

Brekke, John S., Kathleen Ell, and Lawrence Palinkas. (2007). Translational Science at the National Institute of Mental Health: Can Social Work Take Its Rightful Place? *Research on Social Work Practice, 17*(1): 123–133.

Briar, Scott. (1974). The future of social work. *Social Work* 19(5): 514–531.
Briar, Scott, and Henry Miller. (1971). *Problems and issues in social casework*. New York: Columbia University Press.
Brislin, Richard W. (1970). Back-translation for cross-cultural research. *Journal of Cross-Cultural Psychology*, 1(3): 185–216.
Bronfenbrenner, Urie.(1979). *The ecology of human development: Experiments by nature and design*. Cambridge, MA: Harvard University Press.
Brown, C. Hendricks, Wei Wang, Sheppard G. Kellam, Bengt O. Muthén, Hanno Petras, Peter Toyinbo, et al. (2008). Methods for testing theory and evaluating impact in randomized field trials: Intent-to-treat analyses for integrating the perspectives of person, place, and time. *Drug and Alcohol Dependence*, 95S: S74–S104.
Campbell, Donald T., and Julian C. Stanley (1963). *Experimental and quasi-experimental designs for research*. Chicago: Rand McNally.
Carroll, Kathleen M., and Kathryn F. Nuro. (2002). One size cannot fit all: A stage model for psychotherapy manual development. *Clinical Psychology: Science and Practice*, 9(4): 396–406.
Castro, Felipe G., Manual Barrera Jr., and Charles R. Martinez Jr. (2004). The cultural adaptation of prevention interventions: Resolving tensions between fidelity and fit. *Prevention Science*, 5(1): 41–45.
Centers for Disease Control and Prevention. (2007a). *Behavioral risk factor surveillance system*. http://www.cdc.gov/brfss/.
Centers for Disease Control and Prevention. (2007b). *Improving public health practice through translation research* (RFA–CD–07–005). Retrieved from http://grants.nih.gov/grants/guide/rfa-files/RFA-CD-07-005.html.
Centers for Disease Control and Prevention. (2007c). *Smoking and tobacco use*. http://www.cdc.gov/tobacco/data_statistics/tables/adult/table_2.htm.
Centers for Disease Control and Prevention. (2007d). *Youth risk behavior surveillance system*. http://www.cdc.gov/HealthyYouth/yrbs/index.htm.
Chambless, Dianne L., and Steven D. Hollon. (1998). Defining empirically supported therapies. *Journal of Consulting and Clinical Psychology*, 66(1): 7–18.
Chorpita, Bruce F. (2002). Treatment manuals for the real world: Where do we build them? *Clinical Psychology Science and Practice*, 9(4): 431–433.
Collins, Linda M., Susan A. Murphy, and Karen L. Bierman. (2004). A conceptual framework for adaptive preventive interventions. *Prevention Science*, 5(3): 185–196.
Collins, Linda M., Susan A. Murphy, and Victor J. Strecher. (2007). The multiphase optimization strategy (MOST) and the sequential multiple assignment randomized trial (SMART). *American Journal of Preventive Medicine*, 32(5S): S112–S118.

Cook, Thomas D. (2005). Emergent principles for the design, implementation, and analysis of cluster-based experiments in social science. *The Annals of the American Academy of Political and Social Science, 599*(1): 176–198.

Crick, Nicki R., and Kenneth A. Dodge. (1994). A review and reformulation of social information-processing mechanisms in children's social adjustment. *Psychological Bulletin, 115*(1): 74–101.

Crick, Nicki R., and Kenneth A. Dodge. (1996). Social information processing mechanisms in reactive and proactive aggression. *Child Development, 67*(3): 993–1002.

DePanfilis, Diane, and Howard Dubowitz. (2005). Family Connections: A program for preventing child neglect. *Child Maltreatment, 10*(2): 108-123.

Dishion, Thomas J., Joan McCord, and François Poulin. (1999). When interventions harm: Peer groups and harmful behavior. *American Psychologist, 54*(9): 755–764.

Dobson, Kenneth S., and Kate E. Hamilton. (2002). The stage model for psychotherapy manual development: A valuable tool for promoting evidence-based practice. *Clinical Psychology Science and Practice, 9*(4) :407–409.

Dodge, Kenneth A. (2006). Translational science in action: Hostile attributional style and the development of aggressive behavior problems. *Development and Psychopathology, 18*(3): 791–814.

Doss, Brian D., and David C. Atkins. (2006). Investigating treatment mediators when simple random assignment to a control group is not possible. *Clinical Psychology: Science and Practice, 13*(4): 321–336.

Elliott, Delbert S., and Sharon Mihalic. (2004). Issues in disseminating and replicating effective prevention programs. *Prevention Science, 5*(1): 47–53.

Escobar, Javier I., and William A. Vega. (2000). Commentary: Mental health and immigration AAA's: Where are we and where do we go from here? *The Journal of Nervous and Mental Disease, 188*(11): 736–740.

Fairweather, George W., (Ed).(1980). The Fairweather Lodge: A twenty-five year retrospective. *New Directions for Mental Health Services*, no 7. San Francisco, CA: Jossey-Bass.

Federal Bureau of Investigation. (2007). *Uniform crime reports*. Retrieved September 26, 2008 from http://www.fbi.gov/ucr/ucr.htm.

Fischer, Joel. (1973). Is casework effective? *Social Work, 18*(1): 5–20.

Fisher, Ronald Aylmer. (1935). *The design of experiments*. London: Oliver and Boyd.

Fixsen, Dean L., Sandra F. Naoom, Karen A. Blasé, Robert M. Friedman, and Frances Wallace. (2005). *Implementation research: A synthesis of the literature*. Tampa: University of South Florida, Louis de la Parte Florida Mental Health Institute, The National Implementation Research Network (FMHI Publication #231). Retrieved from http://nirn.fmhi.usf.edu/resources/publications/Monograph/pdf/Monograph_full.pdf.

Flay, Brian R. (1986). Efficacy and effectiveness trials (and other phases of research) in the development of health promotion programs. *Preventive Medicine*, 15(5): 451–474.

Fonagy, Peter. (1999). Achieving evidence-based psychotherapy practice: A psychodynamic perspective on the general acceptance of treatment manuals. *Clinical Psychology: Science and Practice*, 6(4): 442–444.

Foxhall, Kathryn. (2000). Research for the real world. *Monitor on Psychology*, 31(7): 28–36.

Fraser, Mark W. (1994). Scholarship and research in social work: Emerging challenges. *Journal of Social Work Education*, 30(2): 252–266.

Fraser, Mark W. (1996a). Aggressive behavior in childhood and early adolescence: An ecological-developmental perspective on youth violence. *Social Work*, 41(4): 347–361.

Fraser, Mark W. (1996b). Cognitive problem-solving and aggressive behavior among children. *Families in Society*, 77(1): 19–32.

Fraser, Mark W., (Ed.). (2004). *Risk and resilience in childhood: An ecological perspective* (2nd ed.). Washington, DC: NASW Press.

Fraser, Mark W. (2008). Social and character development: The competency support program. Preliminary findings. Paper presented an annual meeting of the Social and Character Development Research Group. U.S. Department of Education, Institute of Education Sciences, Washington, DC.

Fraser, Mark W., and David A. Haapala. (1987–1988). Home-based family therapy: A quantitative-qualitative assessment. *The Journal of Applied Social Sciences*, 12(1): 1–23.

Fraser, Mark W., Steven H. Day, Maeda J. Galinksy, Vanessa G. Hodges, and Paul R. Smokowski. (2004). Conduct problems and peer rejection in childhood: A randomized trial of the Making Choices and Strong Families programs. *Research on Social Work Practice*, 14(5): 313–324.

Fraser, Mark W., Maeda J. Galinsky, Paul R. Smokowski, Steven H. Day, Mary A. Terzian, Roderick A. Rose, et al. (2005). Social information-processing skills training to promote social competence and prevent aggressive behavior in third grade. *Journal of Consulting and Clinical Psychology*, 73(6): 1045–1055.

Fraser, Mark W., Jung-Sook Lee, Lawrence L. Kupper, Roderick A. Rose, Paul R. Smokowski, Maeda J. Galinsky, et al. (2007, January 21). Social information-processing skills training to prevent aggressive behavior in the third grade: 6-month follow-up findings from a study of the *Making Choices* program. Paper presented at the 11th Annual Conference of the Society for Social Work and Research, San Francisco, CA.

Fraser, Mark W., James K. Nash, Maeda J. Galinsky, and Kathleen E. Darwin. (2000). *Making choices: Social problem-solving skills for children*. Washington, DC: NASW Press.

Fraser, Mark W., Mary J. Taylor, Robert Jackson, and Jamal O'Jack. (1991). Social work and science: Many ways of knowing? *Social Work Research and Abstracts*, 27(4): 5–15.

Fulbright-Anderson, Karen, Anne C. Kubisch, and James P. Connell, (Eds.). (1998). *New approaches to evaluating community initiatives: Theory, measurement, and analysis*. Washington, DC: Aspen Institute.

Galinsky, Maeda J., Joanne E. Turnbull, Diane E. Meglin, and Margaret E. Wilner. (1993). Confronting the reality of collaborative practice research: Issues of practice, design, measurement, and team development. *Social Work*, 38(4): 440–449.

Galinsky, Maeda J., Mary A. Terzian, and Mark W. Fraser. (2006). The art of group work practice using manualized curricula. *Social Work Practice with Groups*, 29(1): 11–26.

Gamoran, Adam, (Ed.). (2007). *Standards-based reform and the poverty gap: Lessons for "No Child Left Behind."* Washington, DC: Brookings Institution Press.

Garfield, Sol L. (1996). Some problems associated with "validated" forms of psychotherapy. *Clinical Psychology: Science and Practice*, 3(3): 218–229.

Gawande, Atul. (2007, December 10). Annals of medicine: The checklist. *New Yorker* 83(39):86-95.

Gershoff, Elizabeth T., J. Lawrence Aber, C. Cybele Raver, and Mary Clare Lennon. (2007). Income is not enough: Incorporating material hardship into models of income associations with parenting and child development. *Child Development*, 78(1): 70–95.

Gifford-Smith, Mary E., Kenneth A. Dodge, Thomas J. Dishion, and Joan McCord. (2005). Peer influence in children and adolescents: Crossing the bridge from developmental to intervention science. *Journal of Abnormal Child Psychology*, 33(3): 255–265.

Glasgow, Russell E., Edward Lichtenstein, and Alfred C. Marcus. (2003). Why don't we see more translation of health promotion research to practice? Rethinking the efficacy-to-effectiveness transition. *American Journal of Public Health*, 93(8): 1261–1267.

Glasgow, Russell E., Thomas M. Vogt, and Shawn M. Boles. (1999). Evaluating the public health impact of health promotion interventions: The RE-AIM framework. *American Journal of Public Health*, 89(2): 1322–1327.

Glisson, Charles, John Landsverk, Sonja Schoenwald, Kelly Kelleher, Kimberly Eaton Hoagwood, et al. (2008a). Assessing the organizational social context (OSC) of mental health services: Implications for research and practice. *Administration and Policy in Mental Health and Mental Health Services Research*, 35(1–2): 98–113.

Glisson, Charles, John Landsverk, Sonja Schoenwald, Kelly Kelleher, Kimberly Eaton Hoagwood, et al. (2008b). Therapist turnover and new program sustainability in mental health clinics as a function of organizational culture, climate, and service structure. *Administration and Policy in Mental Health and Mental Health Services Research*, 35(1–2): 124–133.

Glueck, Sheldon, and Eleanor Glueck. (1950). *Unraveling juvenile delinquency.* Cambridge, MA: Harvard University Press.

Greenberg, Mark T. (2004). Current and future challenges in school-based prevention: The researcher perspective. *Prevention Science*, 5(1): 5–13.

Greenwald, Peter, and Joseph W. Cullen, (1985). The new emphasis in cancer control. *Journal of the National Cancer Institute*, 74(3): 543–551.

Guillemin, Frances, Claire Bombardier, and Dorcas Beaton. (1993). Cross-cultural adaptation of health-related quality of life measures: Literature review and proposed guidelines. *Journal of Clinical Epidemiology*, 46(12): 1417–1432.

Guo, Shenyang, and Mark W. Fraser. (In press). *Propensity score analysis: Statistical methods and applications.* Thousand Oaks, CA: Sage.

Halliday-Boykins, Colleen A., and Scott W. Henggeler. (2001). Multisystemic therapy: Theory, research, and practice. In (Elaine Walton, Patricia Sandau-Beckler, and Mark Mannes, (Eds.), *Balancing family-centered services and child well-being* (pp. 320–335). New York: Columbia University Press.

Harris, and Associates. (1997). *School Success Profile.* (Study number 628173). New York: Author.

Harrison, Diane F., Walter W. Hudson, and Bruce A. Thyer. (1992). On a critical analysis of empirical clinical practice: A response to Witkin's revised views. *Social Work*, 37(5): 461–464.

Havelock, Ronald G. (1969). *Planning for innovation: A comparative study of the literature on the dissemination and utilization of scientific knowledge.* Ann Arbor: Center for Research on Utilization of Scientific Knowledge, University of Michigan.

Havelock, Ronald G. (1995). *The change agent's guide* (2nd ed.). Englewood Cliffs, NJ: Educational Technology Publications.

Hawkins, J. David. (2006). Science, social work, prevention: Finding the intersections. *Social Work Research*, 30(3): 137–152.

Haynes, R. Brian, P. J. Devereaux, and Gordan H. Guyatt. (2002, March/April). Clinical expertise in the era of evidence-based medicine and patient choice. *ACP Journal Club*, 136: A11–A14.

Heimberg, Richard G., and Robert E. Becker. (2002). *Cognitive-behavioral group therapy for social phobia.* New York: Guilford Press.

Henderson, Joanna L., Sherri MacKay, and Michele Peterson-Badali. (2006). Closing the research-practice gap: Factors affecting adoption and implementation of a children's mental health program. *Journal of Clinical Child and Adolescent Psychology*, 35(1): 2–12.

Henggeler, Scott W., and Charles M. Borduin. (1992). *Multisystemic therapy adherence scales*. Charleston: Medical University of South Carolina, Department of Psychiatry and Behavioral Science.

Howard, Matthew O., and Jeffery M. Jenson. (1999). Clinical practice guidelines: Should social work develop them? *Research on Social Work Practice, 9*(3): 283–301.

Hudson, Walter W. (1978). Research training in professional social work education. *Social Service Review, 52*(1): 116–121.

Hudson, Walter W. (1982). Scientific imperatives in social work research and practice. *Social Service Review, 56*(2): 246–258.

Institute for the Advancement of Social Work Research. (2007). *Partnerships to integrate evidence-based mental health practices into social work education and research*. Retrieved September 26, 2008 from http://www.charityadvantge.com/iaswr/EvidenceBasedPracticeFinal.pdf.

Institute of Medicine. (2001). *Crossing the quality chasm: A new health care system for the 21st century*. Washington, DC: National Academy Press.

Jenson, Jeffrey M., and Mark W. Fraser (Eds.). (2006). *Social policy for children and families: A risk and resilience perspective*. Thousand Oaks, CA: Sage.

Jilcott, Stephanie, Alice Ammerman, Janice Sommers, and Russell E. Glasgow. (2007). Applying the RE-AIM framework to assess the public health impact of policy change. *Annals of Behavioral Medicine, 34*(2): 105–114.

Kazdin, Alan E. (2001). Progression of therapy research and clinical application of treatment require better understanding of the change process. *Clinical Psychology: Science and Practice, 8*(2): 143–151.

Kendall, Philip C. (1998). Directing misperceptions: Researching the issues facing manual-based treatments. *Clinical Psychology: Science and Practice, 5*(3): 396–399.

Kessler, Ronald C., Peter J. Pecora, Jay Williams, Eva Hiripi, Kirk O'Brien, Diana English, et al. (2008). Effects of enhanced foster care on the long-term physical and mental health of foster care alumni. *Archives of General Psychiatry, 65*(6): 625–633.

Last, John M. (1988). *A dictionary of epidemiology*. New York: Oxford University Press.

Lau, Anna S. (2006). Making the case for selective and directed cultural adaptations of evidence-based treatments: Examples from parent training. *Clinical Psychology: Science and Practice, 13*(4): 295–310.

Lemerise, Elizabeth A., and William F. Arsenio. (2000). An integrated model of emotion processes and cognition in social information processing. *Child Development, 71*(1): 107–118.

Littell, Julia H. (2005) Lessons from a systematic review of effects of multisystemic therapy. *Children and Youth Services Review, 27*(4): 445-463.

Luborsky, Lester. (1999). The researcher's own therapy allegiances: A "wild card"' in comparisons of treatment efficacy. *Clinical Psychology Science and Practice*, 6(1): 95–106.

Luborsky, Lester, and Robert J. DeRubeis. (1984). The use of psychotherapy treatment manuals: A small revolution in psychotherapy research style. *Clinical Psychology Review*, 4 (1): 5–14.

Luborsky, Lester, Brian Singer, and L. Luborsky. (1975). Comparative studies of psychotherapies: Is it true that "everybody has won and all must have prizes"? *Archives of General Psychiatry*, 32(8): 995–1008.

Maluccio, John A., and Rafael Flores. (2004, July). *Impact evaluation of a conditional cash transfer program: The Nicaraguan Red De Proteccion Social.* Washington, DC: International Food Policy Research Institute (FCND Discussion Paper No. 184). Retrieved from http://www.ifpri.org/divs/fcnd/dp/papers/fcndp184.pdf.

Marin, Gerardo, Fabio Sabogal, Barbara Vanoss Marin, Regina Otero-Sabogal, and Eliseo J. Perez-Stable. (1987). Development of a short acculturation scale for Hispanics. *Hispanic Journal of Behavioral Sciences*, 9(2): 183–205.

Marmot, Michael. (2005). Social determinants of health inequalities. *Lancet*, 365(9464): 1099–1104.

Martinez, Charles R., Jr., and J. Mark Eddy. (2005). Effects of culturally adapted parent management training on Latino youth behavioral health outcomes. *Journal of Consulting and Clinical Psychology*, 73(4): 841–851.

McCord, Joan. (1992). The Cambridge-Somerville Study: A pioneering longitudinal-experimental study of delinquency prevention. In (Joan McCord, and Richard E. Tremblay, (Eds.), *Preventing antisocial behavior: Interventions from birth through adolescence* (pp. 196–206). New York: Guilford Press.

McDavid, James C., and Laura R. L. Hawthorn. (2006). *Program evaluation and performance measurement: An introduction to practice.* Thousand Oaks, CA: Sage.

Meyer, Henry J., Edgar F. Borgatta, and Wyatt C. Jones. (1965). *Girls at vocational high: An experiment in social work intervention.* New York: Russell Sage Foundation.

Midgley, Gerald. (2006). Systemic intervention in public health. *American Journal of Public Health*, 96(3): 466–472.

Miller, William R., and Stephen Rollnick. (2002). *Motivational interviewing: Preparing people to change.* New York: Guilford Press.

Mowbray, Carol T., Mark C. Holter, Gregory B. Teague, and Deborah Bybee. (2003). Fidelity criteria: Development, measurement, and validation. *American Journal of Evaluation*, 24(3): 315–340.

Najavits, Lisa M., Roger D. Weiss, Sarah Shaw, and Amy Dierberger. (2000). Psychotherapists' views of treatment manuals. *Professional Psychology: Research and Practice*, 31(4): 404–408.

Nash, James K. (2002). Neighborhood effects on sense of school coherence and educational behavior in students at risk of school failure. *Children and Schools*, 24(2): 73–89.

Nash, James K., Mark W. Fraser, Maeda J. Galinsky, and Lawrence L. Kupper. (2003). Early development and pilot testing of a problem-solving skills-training program for children. *Research on Social Work Practice*, 13(4): 432–450.

National Association of Social Workers. (2007). *Code of ethics-Preamble.* Retrieved September 26, 2008 from http://www.socialworkers.org/pubs/code/code.asp.

National Institute of Mental Health. (2007a). *Suicide in the U.S.: Statistics and prevention.* Retrieved September 28, 2008 from http://www.nimh.nih.gov/health/publications/suicide-in-the-us-statistics-and-prevention.shtml.

National Institute of Mental Health. (2007b). *The numbers count: Mental disorders in America.* Retrieved September 26, 2008 from http://www.nimh.nih.gov/health/publications/the-numbers-count-mental-disorders-in-america.shtml#Intro.

National Institutes of Health. (2006, October). *Health Disparities Fact Sheet.* Retrieved July 3, 2008 from: http://www.nih.gov/about/researchresultsforthepublic/HealthDisparities.pdf.

North, Michael S., Alissa A. Gleacher, Marleen Radigan, Lindsay Greene, Jessica Mass Levitt, Janet Chassman, et al. (2008). The Evidence-Based Treatment Dissemination Center: Bridging the research-practice gap in New York State. *Report on Emotional and Behavioral Disorders in Youth*, 8(1): 9–16.

Office of Mental Health. (2008). *Clinical training for childhood depression and trauma bringing evidence based treatment to children and adolescents.* New York: State Office of Mental Health. Retrieved July 14, 2008 from http://www.omh.state.ny.us/omhweb/resources/clinical_training/presentation.html.

Office of Science Policy. (2005, November 14–15). *Considering usual medical care in clinical trial design: Scientific and ethical issues.* Conference organized by the National Institutes of Health Program on Clinical Research Policy Analysis and Coordination. Washington, DC.

Okwuje, Ifie, and Nicholas Johnson. (2006). A rising number of state earned income tax credits are helping working families escape poverty. Washington, DC: Center on Budget and Policy Priorities. Retrieved July 16, 2008 from http://www.cbpp.org/10-12-06sfp.htm.

Olds, David L., Harriet Kitzman, Carole Hanks, Robert Cole, Elizabeth Anson, Kimberley Sidora-Arcoleo, et al. (2007). Effects of nurse home visiting on maternal and child functioning: Age-9 follow-up of a randomized trial. *Pediatrics*, 120(4): e832–e845.

Onken, Lisa S., Jack D. Blaine, and Robert J. Battjes. (1997). Behavioral therapy research: A conceptualization of a process. In Scott W. Henggeler, and

Alberto B. Santos, (Eds.), *Innovative approaches for difficult to treat populations* (pp. 477–485). Washington, DC: American Psychiatric Press.

Pecora, Peter J., Ronald C. Kessler, Jay Williams, A.C. Downs, Diana English, Diana, James White, and Kirk O'Brien. (Forthcoming). *What works in foster care?* Oxford: Oxford University Press.

Petticrew, Mark, and H. Roberts. (2003). Evidence, hierarchies, and typologies: Horses for courses. *Journal of Epidemiology and Community Health*, 57(7): 527–529.

Porter, Andrew C., and Morgan S. Polikoff. (2007). NCLB: State interpretations, early effects, and suggestions for reauthorization. *Social Policy Report*, 21(4): 3–14. Retreived from http://www.srcd.org/documents/publications/spr/21-4_no_child_left_behind.pdf.

Powers, Edwin, Helen Witmer, and Gordon Allport. (1951). *An experiment in the prevention of delinquency: The Cambridge-Somerville Youth Study*. New York: Columbia University Press.

Prochaska, James O., Kerry E. Evers, Janice M. Prochaska, Deborah Van Marter, and Janet L. Johnson. (2007). Efficacy and effectiveness trials: Examples from smoking cessation and bullying prevention. *Journal of Health Psychology*, 12(1): 170–178.

Proctor, Enola K., and Aaron Rosen. (2003). The structure and function of social work practice guidelines. In Aaron Rosen, and Enola K. Proctor (Eds.), *Developing practice guidelines for social work intervention: Issues, methods, and research agenda* (pp. 108–127). New York: Columbia University Press.

Pronovost, Peter, Dale Needham, Sean Berenholtz, David Sinopoli, Haitao Chu, Sara Cosgrove, et al: (2006). An intervention to decrease catheter-related bloodstream infections in the ICU. *New England Journal of Medicine*, 355(26): 2725–2732.

RAND Corporation. (2007). *Promising practices network*. Retrieved from http://www.promisingpractices.net.

RAND Corporation. (2008). SF-36: 36-item short form survey. Retrieved rom http://www.rand.org/health/surveys_tools/mos/mos_core_36item.html.

Richman, Jack M., and Gary L. Bowen. (1997). School failure: An ecological-interactional-developmental perceptive. In Mark W. Fraser (Ed.), *Risk and resiliency in childhood: An ecological perspective* (pp. 95–116). Washington, DC: NASW Press.

Richman, Jack M., Gary L. Bowen, and Michael E. Woolley. (2004). School failure: An ecological-interactional-developmental perceptive. In Mark W. Fraser (Ed.), *Risk and resiliency in childhood: An ecological perspective* (2nd ed., pp. 133–160). Washington, DC: NASW Press.

Richman, Jack M., Lawrence B. Rosenfeld, and Gary L. Bowen. (1998). Social support for adolescents at risk of school failure. *Social Work*, 43(4): 309–323.

Ringwalt, Christopher L., Susan T. Ennett, Amy A. Vincus, Judy Thorne, Louise Ann Rohrbach, and Ashley Simons-Rudolph. (2002). The prevalence of effective substance use prevention curricula in U.S. middle schools. *Prevention Science*, 3(4): 257–265.

Rivera, Daniel E., Michael D. Pew, and Linda M. Collins. (2007). Using engineering control principles to inform the design of adaptive interventions: A conceptual introduction. *Drug and Alcohol Dependence*, 88S: S31–S40.

Rivera, Juan A., Daniela Sotres-Álvarez, Jean-Pierre Habicht, Teresa Shamah, and Salvador Billapando. (2004). Impact of the Mexican program for education, health, and nutrition (Progresa) on rates of growth and anemia in infants and young children: A randomized effectiveness study. *Journal of the American Medical Association*, 291(21): 2563–2570.

Rogers, Everett. M. (1995). *Diffusion of innovations* (4th ed.). New York: Free Press.

Rossi, Peter H., Mark W. Lipsey, and Howard E. Freeman. (2003). *Evaluation: A systematic approach* (7th ed.). Thousand Oaks, CA: Sage.

Rowland, Melisa D., Colleen A. Halliday-Boykins, Scott W. Henggeler, Phillippe B. Cunningham, Terry G. Lee, Markus J. P. Kruesi, and Steven B. Shapiro. (2005). A randomized trial of multisystemic therapy with Hawaii's Felix Class youths. *Journal of Emotional and Behavioral Disorders*, 13(1): 13-23.

Rothman, Jack, and Edwin J. Thomas, (Eds.). (1994). *Intervention research: Design and development for human services*. New York: Haworth Press.

Rounsaville, Bruce J., Kathleen M. Carroll, and Lisa S. Onken. (2001). A stage model of behavioral therapies research: Getting started and moving on from stage I. *Clinical Psychology Science and Practice*, 8(2): 133–142.

Sackett David L., William M. C. Rosenberg, J. A. Muir Gray, R. Brian Haynes, and W. Scott Richardson. (1996). Evidence based medicine: what it is and what it isn't: It's about integrating individual clinical expertise and the best external evidence. *British Medical Journal*, 312(7023): 71–72.

Saleebey, Dennis. (2005). *The strengths perspective in social work practice* (4th ed.). New York: Allyn & Bacon.

Schoenwald, Sonja K., Ashli J. Sheidow, and Elizabeth J. Letourneau. (2004). Toward effective quality assurance in evidence-based practice: Links between expert consultation, therapist fidelity, and child outcomes. *Journal of Clinical Child and Adolescent Psychology*, 33(1): 94–104.

Schreiner, Mark, Michael Sherraden, Margaret Clancy, Lissa Johnson, Jamie Curley, Min Zhan, *et al.* (2005). Assets and the poor: Evidence from individual development accounts. In Michael Sherraden (Ed.), *Inclusion in the American dream: Assets, poverty, and public policy* (185–215). New York: Oxford University Press.

Schwalbe, Craig S., Mark W. Fraser, and Steven H. Day. (2007). Predictive validity of the Joint Risk Matrix with juvenile offenders: A focus on gender and race/ethnicity. *Criminal Justice and Behavior, 34*(3):348–361.

Shadish, William R., Thomas D. Cook, and Donald T. Campbell. (2002). *Experimental and quasi-experimental designs for generalized causal inference.* New York: Houghton Mifflin.

Shaya, Fadia T., and Anna Gu. (2006). Deriving effectiveness information for decision making. *Expert Reviews of Pharmoeconomics and Outcomes Research, 6*(1): 5–7.

Smokowski, Paul R., Mark W. Fraser, Steven H. Day, Maeda J. Galinksy, and Martica L. Bacallao. (2004). School-based skills training to prevent aggressive behavior and peer rejection in childhood: Evaluating the *Making Choices* program. *Journal of Primary Prevention, 25*(2): 233–251.

Snyder, James, John Reid, Mike Stoolmiller, George Howe, Hendricks Brown, Getachew Dagne, and Wendi Cross. (2006). The role of behavior observation in measurement systems for randomized prevention trials. *Prevention Science, 7*(1): 43–56.

Society for Prevention Research, Standards of Evidence Committee. (2004). *Standards of evidence: Criteria for efficacy, effectiveness and dissemination.* Society for Prevention Research. Retrieved from http://www.preventionresearch.org/StandardsofEvidencebook.pdf.

Society for Prevention Research, Standards of Evidence Committee. (2007). *Standards of evidence: Criteria for efficacy, effectiveness, and dissemination.* Retrieved from http://www.preventionresearch.org/StandardsofEvidencebook.pdf.

Substance Abuse and Mental Health Services Administration. (2007). *Model programs: Effective substance abuse and mental health programs for every community.* Retrieved September 26, 2008 from http://www.modelprograms.samhsa.gov

Sundell, Knut, Kjell Hansson, Cecilia Andrée Löfholm, Tina Olsson, Lars-Henry Custle, and Christina Kadesjö (2008). The transportability of multisystemic therapy to Sweden: Short-term results from a randomize trial of conduct-disordered youths. *Journal of Family Psychology, 22*(3): 550-560.

Sussman Steve, Thomas W. Valente, Louise A. Rohrbach, Silvana Skara, and Mary Ann Pentz. (2006). Translation in the health professions: Converting science into action. *Evaluation and the Health Professions, 29*(1): 7–32.

Timmons-Mitchell, Jane, Monica B. Bender, Maureen A. Kishna, and Clare C. Mitchell. (2006). An independent effectiveness trial of multisystemic therapy with juvenile justice youth. *Journal of Clinical Child and Adolescent Psychology, 35*(2): 227-236.

Tripodi, Tony, and Irwin Epstein. (1980). *Research techniques for clinical social workers.* New York: Columbia University Press.

Tripodi, Tony, Phillip A. Fellin, and Irwin Epstein. (1978). *Differential social program evaluation*. Itasca, IL: F. E. Peacock.

Trochim, William, M. K. (2005). *Research methods: The concise knowledge base*. Cincinnati, OH: Atomic Dog.

U.S. Department of Education. (2007). *What works clearinghouse*. Retrieved from http://www.whatworks.ed.gov.

U.S. Department of Health and Human Services. (2008). Trends in foster care and adoption. Administration for Children and Families, Children's Bureau. Retrieved from http://www.acf.hhs.gov/programs/cb/stats_research/afcars/trends.htm.

van Widenfelt, Brigit M., Phillip D.A. Treffers, Edwin de Beurs, Bart M. Siebelink, and Els Koudijs. (2005). Translation and cross-cultural adaptation of assessment instruments in psychological research with children and families. *Clinical Child and Family Psychological Review, 8*(2): 135–146.

Wagner, Eric F., Cynthia C. Swenson, and Scott W. Henggeler. (2000). Practical and methodological challenges in validating community-based interventions. *Children's Services: Social Policy, Research, and Practice, 3*(4): 211–231.

Weisz, John R., Amanda L. Jensen, and Bruce D. McLeod. (2005). Milestones and methods in the development and dissemination of child and adolescent psychotherapies: Review, commentary, and a new deployment-focused model. In Euthymia D. Hibbs, and Peter S. Jensen, (Eds.), *Psychosocial treatments for child and adolescent disorders: Empirically based strategies for clinical practice* (2nd ed., pp. 9–39). Washington, DC: American Psychological Association.

Wilson, G. Terence. (1996). Manual-based treatments: The clinical application of research findings. *Behaviour Research and Therapy, 34*(4): 295–314.

Witkin, Stanley L. (1991). Empirical clinical practice: A critical analysis. *Social Work, 36*(2) 158–163.

Wolpe, Joseph. (1969). *The practice of behavior therapy*. New York: Pergamon Press.

索引*

B

保护性因素/protective factors,38‐39,48‐52,62,72,142‐143,176
保真度/fidelity,15‐17,40,123‐131,139‐141,160‐162
保真度标准/fidelity criteria,124‐127
保真度措施/fidelity measurement,123‐126
保证因素/factors warranting,142
背景/context,83
本土化改编/local adaptation,140
变化策略理论/theory of change strategies,5,17‐18,56,73,133
变化理论/theory of change,36,55,58‐62
标记法/notation,110f
不变量干预/invariant interventions,172
不让一个孩子掉队法案/No Child Left Behind Act,57‐58,62,88

C

操作关联/operational relevance,143
操作基准/implementation benchmarks,161

---

* 本索引中,数字为本书页边码,提示可在该页边码所标示页面检索相关内容。另外,页边码数字中含有的斜体缩写字母,f 表示"图"(figure),t 表示"表"(table),tb 表示"专栏"(text box)。——译者注

测量保真度/implementation fidelity,123 - 127,130
差别化/differentiation. 41,70 - 72,83 - 84,87 - 88,97
常规服务/routine services,27,107 - 108,147 - 148,162
常规治疗/treatment-as-usual(TAU),27,107 - 108,111,147 - 148,162
传播/diffusion,17 - 18,134,137,148,152 - 155
传播/dissemination,33,43,88 - 89,97,133 - 134,152,157 - 159

D

当事人偏好/client preferences,135 - 136,161,173
地域性干预/place-based intervention,10 - 11
等候名单设计/wait-list study,21
定量数据/quantitative data,87,118,122
定性数据/qualitative data,28,32,82,87
动态系统/dynamical system,172 - 177
多系统疗法/multisystemic therapy(MST),129 - 130
多元方法论/methodological pluralism,26

E

俄勒冈社会学习中心/Oregon Social Learning Center (OSLC),142 - 144

F

发生率/incidence,37,50
反社会行为/antisocial behavior,9,23,75
风险暴露/risk exposure,9,85
风险过程/risk processes,38,51,143
风险链/risk chain,51
风险因素/risk factors,8 - 9,10,28,37 - 39,51,72

G

改编/adaptation,70,72,88 - 90,133 - 137,152 - 154,161
干预/intervention,9
干预过程/intervention processes,28,32,35 - 37,76 - 77,116,130

干预后组间差异/between-group post-intervention differences, 111
干预活动/intervention activities, 15, 55, 59, 64, 127
干预基准/intervention benchmarks, 59
干预决策/intervention decisions, 160-161, 175, 177
干预内容/intervention content, 72, 92
干预设计/intervention design, 16, 24, 29, 35, 41, 54
干预手册/treatment manuals, 31, 34, 36-37, 39-40, 63-65
干预相关活动/intervention-related activities, 59
干预研究/intervention research, 3-4, 17, 25, 28-29, 33, 36, 37f, 43-44, 46-47, 63-64, 70, 70f, 121 130-131, 149-152, 158-159, 161-169
干预组/intervention conditions, 27-28, 112, 120
个人层面干预/individual-level intervention, 9-10, 54
个人适应层面/Individual Adaptation Profile, 22
攻击行为/aggressive behavior, 21, 38-39, 75, 106, 127-128
固定的干预/fixed intervention, 172, 175
顾问依从性测量/Consultant Adherence Measure, 130
规定性干预/prescribed intervention, 18, 31, 34-35
规模条件/scale conditions, 14
过程/process, 128
过程导向干预/process-oriented intervention, 18

H

好行为游戏/Good Behavior Game, 16
黑箱/black box, 47-48, 130, 134
后随机效应/post-randomization effects, 112
回归中断设计/regression discontinuity designs, 112-113, 118
回译/back-translation, 90, 93-94
混合方法/mixed methods, 79, 162

J

积极教养行为/positive parenting behavior, 52-54
集体过程/collective processes, 10-11, 176

剂量/dosage/dose,42,107,125,172-173
剂量反应/dose response,119-120
结构方程模型/structural equation models,53
结构模型干预/structural model intervention,10,54
结构性干预/structural interventions,10
结果测量/outcome measures,121-123
进展项目研究/progresa study,165-66tb,168,179
决策规则/decision rules,64-65,160 174-175,177

K

凯西家庭项目/Casey Family Programs,6-8tb,8-9,15,64,173
坎贝尔协作组织/Campbell Collaboration,12
坎布里奇市和萨默维尔市青年研究/Cambridge-Somerville Youth Study,46-47
科克伦协作组织/Cochrane Collaboration,12
科学方法/scientific methods,11,13,162
可裁变量/tailoring variables,174-177
可塑性中介变量/malleable mediators,54-55,63,71,159

L

连环效应/sequential argument,51-52
量性方法/quantitative methods,87,122-123,162
流行度数据/prevalence data,37-38,50
路径/pathways,52-53,58
路径图/path charts,51,52f
逻辑模型/logic model,55-62,62,97-98,121,149

M

明确具体问题/problem formulation,48-50,135-136,150
目标受众群体/target population,16,35,59,82-83,90

N

内部效度/internal validity,109-110

P

平衡小组/balance groups,171-172
评估过程/evaluative processes,69,71,79

Q

"强大家庭"项目/*Strong Families* program,21,24
青年危险行为监测系统/Youth Risk Behavior Surveilance System,50
倾向值/propensity score,120,169,171-172
群类层面的协变量/cluster-level covariates,167
群体随机化实验/group-randomized trials,165
群组研究/cohort study,113

R

认知行为干预/cognitive-behavioral intervention,155

S

社会环境层面/Social Environment Profile,22
社会信息加工理论/social information processing(SIP),19-20,26,61,75
生态学/ecological theory,22
实践背景/practice contexts,4,41,90,149-150
实践指南/practice guidelines,63,65-66,153
实验设计/experimental design,32,35,109-112,162
试点测试/pilot testing,79-84,116-118,122-123,150-151,168
适应性干预/adaptive interventions,172-177
随机抽样/cluster randomized,20,170
随机抽样设计/cluster-randomized study,20
随机对照实验/randomized controlled trials(RCTs),12-14,107,162,172,177
随机分组/random assignment,32,35,82,111-112,118,160,162,170-172,175
随机化/randomization,32
随机化设计/randomized design,163-164

T

同时效度/concurrent validity,122
统计方法/statistical methods,157,163-171

W

外部效度/external validity,111
文化改编/cultural adaptation,94-96,140-145
文化关联/cultural relevance,71,90,143
文化一致性/cultural congruence,71,82,141-142,145
问题理论/problem theory,47-51,53-56,58-59,61-62

X

系列实验/sequential experimentation,27
系统层面干预/systems level intervention,9,153
项目保真度/program fidelity,123-128
项目材料/program materials,67-71,89-94,97-98
项目层面干预/program-level intervention,54
项目结构/program structure,128
项目结果/program outcomes,55-58,108-109,111,116,120
项目理论/program theory,36-39,47-48,54-55,61-62,63-66,70-76,78-80,87,93
项目目标/program objectives,55-57,71,76-77
项目内容/program content,13,57,64,71,79,84-88,90,94,96,141
项目漂移/program drift,140
项目实施/program implementation,18,40-41,119-120,139
项目手册/program manuals,34-36,65,72-77,97-99
项目投入/program inputs,55
项目效果测试/program effectiveness testing,121-123,131
项目影响/program effects,20,33,61,125,151,170
小学成功档案/Elementary School Success Profile (ESSP),23,174-177
效果/effectiveness,11,13,15,82-83,105-108,151
效果实验/effectiveness tests/trials,14-15,42,107-108,119-125

效率研究/effectiveness studies, 35, 120, 122
效应大小/effect size, 28, 41 – 42, 84, 143, 151
协方差分析/covariance analysis, 163, 170 – 171
心理教育干预/psychoeducational intervention, 38, 65. 另请参阅课程/See also curriculum
行为风险因素监测系统/Behavioral Risk Factor Surveillance System, 50
行为干预/behavioral interventions, 107, 161
序列实验/sequential experiment, 20, 27
选择效应/selection effects, 42, 113, 171, 175
选择性偏差/ selection bias, 42, 111 – 113, 160, 169
学校成功档案/School Success Profile, 22 – 24
学校性干预/school-based intervention, 11, 174
循证干预/evidence-based intervention, 11, 71, 124, 144
循证实践/evidence-based practice (EBP), 13, 15, 133 – 134, 161 – 162
循证治疗/evidence-based treatment (EBT), 134 – 136, 140 – 145, 148
循证治疗传播中心/Evidence-based Treatment Dissemination Center (EBTDC), 153 – 156

Y

研究设计/research design, 12, 26, 34 – 35, 109 – 111, 157 – 159
样本/sample, 117t
样本大小/sample size, 162
依恋理论/attachment theory, 62
因果推断/causal inference, 109 – 110
有效信息交流中心/What Works Clearinghouse, 13
有效性实验/efficacy trials, 14 – 15, 105, 118 – 119, 131
有效性子集分析/efficacy subset analysis, 42, 120
语境一致性/contextual congruence, 90 – 91, 143
预防干预/prevention intervention, 8 – 9, 19, 50, 75, 95
预防研究协会/Society for Prevention Research (SPR), 111
约翰·亨利效应/John Henry effects, 112

Z

证据层次/hierarchy of evidence,11 - 13,12*f*,26,79
政策层面/policy level intervention,54
知识库/knowledge base,159
质性方法/qualitative methods,87,122,162
治疗师依从性测量/Therapist Adherence Measure(TAM),130
治疗污染/treatment contamination,164
治疗效应/treatment effect,42,59,111,107,109,168 - 169,172
治疗意向/intent-to-treat(ITT),42,119 - 120
中断时间序列/interrupted times series,112 - 113,118. 另请参阅实验设计/ *See also* Experimental design
中介变量/mediators,55 - 58,61 - 62,72 - 74,108 - 109,114,127,144
中介机制/mediating mechanisms,87,89,109,162
中介效应/moderation effects,20
转化研究/translational research,17 - 18,70
准实验设计/quasi-experimental design,111 - 113
组间均等/between-group equivalence,162
组内相关系数/Intraclass correlation(ICC),166 - 168
组织层面干预/organizational-level intervention,22,54
组织氛围/organizational climate,124,138 - 139
组织文化/organizational culture,63,88,139
"作出选择"课程/*Making Choices* lesson,100 - 104
"作出选择"项目/*Making Choices* program,19 - 24,26 - 27,59 - 62,93, 105 -106

图书在版编目(CIP)数据

干预研究：如何开发社会项目/(美)马克·W.弗雷泽等著；安秋玲译.—上海：上海教育出版社，2018.6
(社会工作研究方法指导丛书/曾守锤主编)
ISBN 978-7-5444-7388-0

Ⅰ.①干… Ⅱ.①马… ②安… Ⅲ.①社会工作-研究 Ⅳ.①C916

中国版本图书馆 CIP 数据核字(2018)第 115615 号

Mark W. Fraser, Jack M. Richman, Maeda J. Galinsky, Steven H. Day
Intervention Research: Developing Social Programs
ISBN: 9780195325492
Copyright © 2009 Oxford University Press, Inc.
INTERVENTION RESEARCH: DEVELOPING SOCIAL PROGRAMS, FIRST EDITION was originally published in English in 2009. This translation is published by arrangement with Oxford University Press. 本书原版由牛津大学出版社出版，简体中文翻译版由牛津大学出版社授权。版权所有，盗印必究。
上海市版权局著作权合同登记号 图字 09-2012-573 号

策划编辑　谢冬华
责任编辑　谢冬华
封面设计　王　捷

社会工作研究方法指导丛书
干预研究：如何开发社会项目
[美] 马克·W.弗雷泽、杰克·M.里奇曼、梅达·J.加林斯基、史蒂文·H.戴　著
安秋玲　译

出版发行	上海教育出版社有限公司
官　　网	www.seph.com.cn
地　　址	上海市闵行区号景路 159 弄 C 座
邮　　编	201101
印　　刷	上海叶大印务发展有限公司
开　　本	890×1240　1/32　印张 8.25　插页 1
字　　数	158 千字
版　　次	2018 年 6 月第 1 版
印　　次	2024 年 11 月第 2 次印刷
书　　号	ISBN 978-7-5444-7388-0/C.0015
定　　价	68.00 元

如发现质量问题，读者可向本社调换　　电话：021-64377165